Jacob Grimm

Jacob Grimm

Rede über das Alter

Rede auf Wilhelm Grimm

Steidl

Inhalt

Rede über das Alter

Wer hat nicht Cicero »De senectute« gelesen? Sich nicht erhoben gefühlt durch alles was hier zu des Alters Gunsten, gegen dessen Verkennung oder Herabsetzung gesagt wird? Traun, es sind lauter ernste, männliche Gedanken, in gefüger Gliederung fortschreitend und sich entfaltend, von triftigen Beispielen und Bildern belebt, mit einer freien, niemand aufgenötigten Aussicht auf die Fortdauer der Seele nach dem Leben ruhig geschlossen. Gleich die an die Spitze gestellten ennischen Verse:

> O Tite, si quid ego adjuero curamve levasso,
>
> quae nunc te coquit et versat in pectore fixa,
>
> ecquid erit praemi?[*]

spreiten einen wohltuenden, anhaltenden Schimmer über die ganze Schrift, welche fortan mit diesen Anfangsworten »O Tite« jedem deutlich bezeichnet

---

[*] »Cato maior de senectute« (Cato der Ältere über das Alter), ein fiktiver Dialog des Marcus Tullius Cicero, entstanden 45/44 v. Chr. O Titus, wenn ich dir irgendwie helfen und deine Sorge mildern kann, welche dich nun quält und in deiner Brust haftet, wird es irgendetwas nützen?

werden durfte[*], wie sie Cicero auf seinen bewährten Freund Atticus, den er mit traulichem Vornamen anzureden pflegte, schlagend anwendet. Nur in dieser Vorrede aber tritt er redend auf, das Buch selbst ist in einen Dialog zwischen Cato major, Scipio und Laelius eingekleidet, wo jedoch, nachdem einige Reden gewechselt sind, der erstere bald allein das Wort führt, und desto schärfer ausfallen muß der Eindruck hier gesprochner Lehren und Mahnungen, als sie in eines der größten Römer Mund gelegt werden, der zur Zeit, wo Cicero sein Buch niederschrieb, bereits ein Jahrhundert in hohem Alter dahingeschieden war, aber noch bei allen Menschen im regsten, frischesten Andenken stand.

Vor Augen, gleichsam zu Vorbild hatte Cicero einen ähnlichen Dialog des Aristo Chius, eines Schülers von Zeno, περί γήρως, der nicht auf die Nachwelt gekommen ist, so daß sich auch keine Vergleichung anstellen läßt, wie viel oder wenig daraus geschöpft worden sein kann. Nur das zieht Cicero selbst hervor, daß in der griechischen Schrift Tithonus als redend auftritt. Dieser Tithonus war der Göttin Eos menschlicher Gemahl, für den sie sich Unsterblichkeit zu erbitten unterlassen

---

[*] *Anm. von Herman Grimm:* Epist. ad Att, 16, 3 und 11.

hatte und den sie, sobald sein Haar graue Spitzen zu zeigen begann, von ihrem Bette ausschloß, mitleidig aber in eine Kammer sperrte und bis an sein Ende mit Ambrosia fütterte. Allen Griechen galt er für einen abgelebten hilflosen Greis, von dem sich eher jammervolle Klagen über das verwünschte Alter erwarten ließen als eine sittliche Schutzrede, wie sie der hochaltrige rüstige Cato liefert. An die Stelle des mythischen Interlocutors einen angesehenen, in der Geschichte fest wurzelnden Römer zu setzen, war offenbar eine glückliche Wahl.

Zuvorderst hebt sich nun die Frage nach dem Zeitpunkt des eintretenden Alters sowie nach den dadurch bedingten Abschnitten oder Stufen des Menschenlebens, und darüber begegnen bei den verschiedenen Völkern abweichende Annahmen, obgleich sie in den Hauptergebnissen, eben weil diese die Natur selbst festgesetzt hat, dennoch wieder zusammentreffen. Um meiner Untersuchung Halt und einigen wissenschaftlichen Wert zu verleihen, sind in einem Anhang* alle Wörter unserer und der verwandten Sprachen über die hier einschlagenden Vorstellungen jung und alt gesam-

---

* *Anm. von Herman Grimm:* Auslauf A. Fehlt und sollte wahrscheinlich erst niedergeschrieben werden. – *Auslauf bedeutet Exkurs.*

melt und erörtert worden: Es kann nicht fehlen, daß die geheimnisvolle Sprache nicht zugleich Aufschlüsse des Gedankengangs der Begriffe gewährte.

Wie schon der Begriff einer aus dem Kindesalter allmählich aufsteigenden Jugend und Mannbarkeit mannigfach wechselt, nicht anders schwankt auch die Bestimmung des Mannes- und Greisenalters. Da wir im allgemeinen zwischen jung und alt scheiden, wird an sich schon oft der bloße Gegensatz von Jugend und Alter genügen, ungefähr wie bei den Jahreszeiten zwischen Sommer und Winter, wonach unsere Vorfahren den Verlauf der Zeit ausreichend berechneten. Nahe lag, das unaufhaltsam vorschreitende Alter gleich der Zeit an uns herantreten oder eintreten zu lassen, der Winter steht vor der Tür, das Alter steht vor der Tür, auf der Schwelle, nach dem griechischen Ausdruck ἐπὶ οὐδῷ. Sobald aber diese Stufen und Schwellen genauer angezeigt werden sollen, stellt sich eine Dreigliederung von Kind, Mann und Greis dar, wieder ähnlich der von Frühling, Sommer und Winter. Es ist bekannt, daß in der Anschauung vieler Völker ein Unterschied dreier Jahreszeiten ausreichte, daß aber bei andern der Herbst noch als besondere Epoche dazwischentrat; beinahe wie sich Kindheit, Jugend, Mannes- und Greisenalter trennen. Wenn die Römer bereits mit dem fünfzigsten Lebensjahre die senectus eintreten ließen,

10

so sind nur zwei Glieder, pueritia und juventus, ihr als vorausgehend gedacht, also im zweiten Gliede Jugend und Mannheit zusammenrinnend, die Einteilung in pueros, juniores et seniores erschöpft alles. Werden aber vier Lebenseinschnitte aufgestellt, so treten Jugend und Virilität voneinander ab, und die Jugend wird als ein der Kindheit näherer Zustand, Mannesalter als zum Greisenalter neigend angesehn, Jugend ist volle Entfaltung der Blüte, Mannheit ist fruchtbare Zeit der Ernte. ἐπὶ γήραος οὐδῷ (in limine senectutis) wird gewöhnlich vom Eintritt in das Greisenalter, zuweilen auch schon von dem höchsten Ziel, von der Schwelle, die das Leben vom Tode scheidet, verstanden. Das Greisenalter gleicht den abnehmenden Wintertagen, an welchen die Sonnenstrahlen schräge fallen, dann aber oft noch einen fernen Schein über den Himmel werfen, wie in unserm Landstrich wir besonders an heiteren Novembertagen gewahren. Schwierig bleibt im Latein der Unterschied zwischen adolescentia und juventus, den unsre eigne Sprache vollends gar nicht erreicht, adolescens bezeichnet den Aufwachsenden, juvenis den Vollwüchsigen, doch ist juvenis mehr als ἔφηβος*, welches dem puber entspricht, häu-

---

* mannbar.

fig fallen beide Ausdrücke adolescens und juvenis zusammen. Wie Hippokrates insgemein die Perioden des Lebens nach der Siebenzahl ermißt, hat man, doch erst späterhin, auf das anschaulichste sieben Stufen angesetzt, deren drei erste das aufsteigende Alter, die drei letzten das absteigende darstellen: Die drei ersten sind 1 infans, 2 puer, 3 adolescens, die drei letzten 5 vir, 6 senex, 7 silicernius, so daß den vierten Platz oder Gipfel des Lebens der juvenis, Jungmann behauptet.

Eine hiervon wiederum unterschiedne, bei uns Deutschen aber ehmals verbreitete Fassung nimmt zehn Stufen an. In meiner Eltern Stube hing ein kunstloses Bild davon an der Wand, das sich meinem Gedächtnis unauslöschlich einprägte: Auf der ersten Stufe stand die Wiege, aus der nur der Kopf des Kindes hervorguckte. Die zweite Stufe betraten ein Knabe und ein Mädchen, einander an der Hand fassend und sich anlachend. Auf der dritten vorgebildet war ein Jüngling und eine Jungfrau, die sich zwar Arm in Arm legen, jedes aber vor sich hinschauen. Oben in der Mitte an vierter Stelle befanden sich Jungmann und Jungfrau, d.i. Braut und Bräutigam, beide alleinstehend, er mit dem Hut in der Hand vor ihr, sie sich verneigend. Auf der fünften Stufe steigen ab Mann und Frau, frei, einander führend, auf der sechsten alter

Mann und alte Frau, sich noch die Arme reichend, schon ein wenig gebückt, auf der siebenten endlich wieder unten Greis und Greisin, jeder mit Stock und Krücke sich forthelfend, und vor ihren Schritten öffnet sich ein Grab. Die Notwendigkeit des Stabs auf der letzten Stufe mahnt an den bekannten Ausspruch, daß das Kind auf vier Beinen, der erwachsne Mensch auf zweien, der Greis auf dreien einhergehe. Mir zweifelt nicht, wollte ein großer Maler ein solches Bild reich auffassen und mit aller Lebensglut ausführen, es könnte eins der anmutigsten Kunstwerke entspringen. Statt der sieben werden aber auch zehn Stufen oder Alter aufgestellt und in Worten folgendermaßen erklärt: 10 Jahr ein Kind, 20 Jahr ein Jüngling, 30 Jahr ein Mann, 40 Jahr stille stahn, 50 Jahr geht Alter an, 60 Jahr ist wohlgetan, 70 Jahr ein Greis, 80 Jahr schneeweiß, 90 Jahr der Kinder Spott, 100 Jahr gnad dir Gott. Oder mit Abweichungen 10 Jahr ein Kind, 20 ein Jüngling, 30 ein Mann, 40 stillstan, 50 wohlgetan, 60 abgan, 70 dein Seel bewahr, 80 der Welt Narr, 90 der Kinder Spott, 100 nun gnad dir Gott. Oder auch 40 wohlgetan, 50 stillestan, 60 abelan, 70 greise, 80 aus der Weise, 90 der Leute Spott, 100 erbarm dich Gott. Diese Reime sind kaum über das 15. Jahrhundert hinauszurücken, was doch keineswegs ausschließt, daß

Die erste Stufe dieses Lebens
Legt sorglos spielend man zurück,
Ein Schmetterling ein buntes Blümchen
Gewähret Freude, Lust und Glück.

Doch auf der zweiten da wirds ernster,
Da tritt der Jüngling in die Welt,
Wohl ihm, wenn auf der Lebensreise
Er nicht den rechten Weg verfehlt.

Die dritte macht zum Mann den Jüngling
Und führet ihm die Gattin zu.
Dann ist es Pflicht für Weib und Kinder
Zu sorgen, ohne Rast und Ruh.

Das schönste Alter bringt die vierte
Besonnen ruhig wird der Mann,
Denn alles was er wirkt und schaffet,
Fängt er mit Ueberlegung an.

Wenn wir die fünfte
So giebt es einen Sti
Da täuschet oft die A
Jst gleich das Alte

Die sechste will uns
Es stellet sich das Alt
Da meldet bei den
Ganz unverschens

Das Stufenalter des Menschen, kolorierter Kupferstich, Nürnberg, um 1835

des Menschen.

Sechzig Jahr
gehts Alter an.

Siebzig Jahr
ein Greis.

Achtzig Jahre
weiß.

Neunzig Jahr ein
Kinder Spott.

it langer Zeit schon eingetheilt
n gern der Blick darauf verweilt.

Hundert Jahre Gnad' von Gott.

...erreichen,	Wenn wir die siebente besteigen,
...nd.	Fängt sich das Greisenalter an;
...te	Da zeigen sich gar viel Gebrechen,
...der Hand	Es schleicht zum Stabe Weib und Mann.
...t gefallen,	Untüchtig wird man auf der achten,
...en Menschen	Und Geist und Körper geht zurück,
...Freund Hain	Den Scheitel decken Silberhaare
	Und immer matter wird der Blick.

Zum Kinde wird man endlich wieder,
Wenn man gar auf der neunten steht;
Man weiß nichts mehr vom frühern Leben
Noch wie die Gegenwart besteht.

Die zehnte Stufe zu erklimmen,
Wird nur von Wenigen erreicht,
Drum heißt von dem, dem es gelungen,
Daß große Gnad' ihm Gott erzeigt.

er & Schuster.

nicht auch früher schon ähnliche in Umlauf gewesen sein sollten. Mit dem Stillstand im vierzigsten gegenüber dem dreißigsten Jahr scheint in der Tat die Schwebe zwischen Jünglings- und Mannesalter, ein Gipfel der Kraft gemeint, und im fünfzigsten hebt, wie bei den Römern, das Alter an, doch die letzte Fassung verlegt das Stillstehen erst in das fünfzigste Jahr. Die unbestimmte, bald auf 40, bald auf 50 und 60 erstreckte Bezeichnung »ist wohlgetan« scheint ein schon genügendes, genugsames Lebensziel auszudrücken. Die drei letzten führen das römische silicernium, d. i. das dem Leichenmahl nahe stehende Greisenalter näher aus:

> I sane: ego te exercebo hodie, ut dignus es,
> silicernium,

heißt es bei Terenz, »Adelphi« IV 2, 48[*], nach dieser Schelte bildete sich ein adjektivischer silicernius, und der senex silicernius, decrepitus, senio combustus ist der wieder kindisch gewordene Greis, der auch gleich einem Kinde genährt, gleich jenem Tithonus von der Eos mit Ambrosia erhalten werden muß, dessen sich Gott erbarme und die Leute spotten. Ohne Zweifel ist

---

[*] Terenz, »Adelphoe« (Die Brüder), 160 v.Chr. Ja geh! Heute werde ich dir Beine machen, wie du es verdienst, alter Knacker.

die Vorstellung von sieben Stufen, auf deren erster und letzter Kind und Greis symmetrisch einander gegenüberstehen, gründlicher als die nach der Hundertzahl erdachte von zehn Stufen, deren eigentlich elf anzunehmen wären, da dem Kind die erste gebührt, wie der Greis die letzte erfüllt. Ausnahmen eines über die Schnur streifenden Lebens sind der Natur nicht entgegen, die es liebt, hinter der Regel ihres Verlaufs noch Nachzügler erscheinen zu lassen, sie überschreiten das Normalalter, wie es unter allen der Psalmist am deutlichsten vorhält: Unser Leben währt siebenzig Jahre, wenn es hoch kommt so sinds achtzig Jahr, und wenns köstlich gewesen ist, so ists Mühe und Arbeit gewesen, denn es färet schnell dahin als flögen wir davon. Unter unsern Vorfahren hergebracht war eine zusagende, progressive Berechnung des Menschenalters, wie sie ein Hausvater den ihn zunächst umgebenden Gegenständen entnehmen konnte: Ein Zaun währt drei Jahre, ein Hund erreicht drei Zaunes Alter, ein Roß drei Hundes Alter, ein Mann drei Rosses Alter; hier stehen wir wieder am Ziel von einundachtzig Jahren. Es ist nicht anzunehmen, daß die ewigen Naturgesetze, deren Dauer und Ebenmaß sich bedingen, in bezug auf Alter und Wachstum der Menschen jemals abgewichen seien, und wie zu keiner Zeit ein andres

Grab als das siebenschuhige für uns Sterbliche erfordert wurde, ging auch das Alter niemals über jene großen Hauptstriche hinaus. Alle die zahlreichen Beispiele längerer Lebenszeit sind entweder einzelne, seltne Ausnahmen oder mythisch, unbeglaubigt und unglaubhaft. So berichtet die nordische Sage von einem König Ani, der durch Hinopferung seiner Söhne ein höheres Alter errungen hatte, zuletzt wieder, einem Kinde gleich, Milch trinken und, weil er nicht mehr gehen konnte, im Bette getragen werden mußte: Nach ihm hieß ein schmerzloses gebrechliches Alter Ana sôtt, Anis Krankheit, und im Namen selbst scheint die Vorstellung on âi Großvater oder Urgroßvater gelegen. Doch nicht Opfer, nicht Gebete können das Alter fernhalten, wohl aber vermag ihm die stärkere und genährte oder die schwächere und verschwendete Lebenskraft jedes Menschen längeren oder nur kürzeren Widerstand zu leisten, und wie jene Stufen des Lebens herüber und hinüber schwanken, ist kein Wunder, daß es im einzelnen Fall bald früher oder später eintritt. Nimmer aber bleibt es aus, kündigt sich durch Zeichen, gleichsam geheime Boten, unversehens an und läßt sich als unwillkommner, uneingeladener Gast zuletzt nicht mehr abweisen. Man sagt, es schleiche schneller heran als einer gedacht hätte, obrepere eam citius ajunt quam putassent, wie die langsamen, aber unablässigen Schritte eines Wanderers plötzlich an der Schwelle stehen und wie es Goethe ausmalt:

> Das Alter ist ein höflich Mann,
> Einmal übers andere klopft er an,
> Aber nun sagt niemand herein
> Und vor der Türe will er nicht sein,
> Da klinkt er auf, tritt ein so schnell,
> Und nun heißts, er sei ein grober Gesell.

Denn zu allen Zeiten haben die Menschen das nahende Alter übel empfangen, gehaßt, gescholten und verflucht oder sind doch in Wehklage darüber ausgebrochen; vielleicht bei keinem andern Volke war es so in Abscheu wie bei den an der Fülle des Lebens schwelgenden Griechen. Hesiod, »Theogonie« 225, das Alter personifizierend und als Tochter der Nacht aufführend, nennt es Γῆρας οὐλόμενον, das verderbliche, und Euripides im »Hercules« fur. 637 Αἴτνας σχοπέλων βαρύτερον, schwerer als die Bergspitzen des Ätna, Sophokles, »Ödipus auf Kolonos« 1237, γῆρας ἄφιλον,[*] der »Hymnus in Venerem«[**] 246 οὐλόμενον, καματηρόν,

---

* Nach Kurt Steinmann »das Alter, wo alle Übel der Übel hausen mit ihm«.

** Aus den »Homerischen Hymnen«, einer Sammlung antiker griechischer Gedichte.

ὅ τε στυγέουσι θεοί περ, verderblich, lästig, den Göttern verhaßt; unser Wolfram, »Parzival« 5, 13 sagt:

> jugent hât vil werdekeit,
> daz alter siuften unde leit,
> ez enwart nie nicht als unfruot,
> sô alter unde armuot,[*]

unfruot ist hier unsælic. Solcher Stellen wäre eine Menge anzuführen, aber auch leicht ihnen andere beizufügen, in welchen weise und erfahrene Männer das Alter günstig beurteilen und die von ihm abhängigen Vorteile ins Licht setzen. Man lese, was Plato zu Eingang der »Republik« ausgeführt hat.

Jener, man könnte sagen volksmäßige Widerwille und Abscheu vor dem Alter ist auch ungerecht, da es nicht wie der Tod Kinder, Jünglinge, Männer und Greise auswählend dahinrafft, sondern gleichmäßig und allmählich über das ganze Menschengeschlecht erst im letzten Ziel, folglich als allgemeine, unvermeidliche Notwendigkeit der verlaufenden Zeit eintritt, so daß Alter gleichviel mit Zeit bedeutet und wir die

---

[*] In der Übersetzung von Dieter Kühn (1986):
Die Jugend lebt voll schöner Kraft,
im Alter klagt und leidet man.
Das Allertraurigste ist dies:
Alter und dazu noch Armut.

Abschnitte der Zeit selbst Zeitalter benennen. Es liegt ein Widerspruch darin, daß, während alle Menschen alt zu werden wünschen, sie doch nicht alt sein wollen. Der Greis sollte von Dank erfüllt fühlen, daß ihm zur letzten Lebensstufe vorzuschreiten vergönnt war, er hat nicht nötig zu jammern, wenn sie annaht, es ist ihm gestattet, mit stiller Wehmut hinter sich zu blicken und nach dem schwülen Tag in abendlicher, labender Kühle gleichsam auf der Bank vor seiner Haustür sitzend sein verbrachtes Leben zu überschlagen. Solch ein Hochbejahrter, den das Schicksal aufgespart hat, dem Verwandte und Freunde vorausgestorben sind, nur noch deren Nachkommen zur Seite stehen, darf sich dann auch einsam und verlassen fühlen, Freude und Trauer mischen. Ich kann nicht umhin, eine Stelle Walthers von der Vogelweide hier auszuheben, worin mit tiefer Empfindung ausgesprochen wird, wie der nach langer Abwesenheit endlich in seine Heimat zurückkehrende Dichter alles, außer der Natur selbst, verändert findet, gleich den aus Zauberschlaf Erwachten, die eine Stunde geschlummert zu haben meinen und hundert Jahre verschlafen haben, so daß niemand von den Leuten sie wiedererkennt. Das Lied geht sicher auf Walther selbst und ist sein schönstes, echtestes, obschon es Lachmann in das vierte Buch zweifelhafter Gedichte setzt, doch kann man sich den Platz am Schlusse, wohin es schon an sich gehört, gefallen lassen; man vernehme die Worte in ihrer alten, von der heutigen nur wenig abstehenden Gestalt:

Owê war sind verswunden alliu mîniu jâr!
ist mir mîn leben getroumet oder ist ez wâr?
daz ich ie wânde daz iht wære, was daz iht?
dar nâch hân ich geslâfen und enweiz es niht.
nû bin ich erwaht und ist mir unbekant
daz mir hie vor was kündic als mîn ander hant.
liut und lant, dannen ich von kinde bin geborn,
die sint mir fremede reht als ob ez sî verlorn,
die mîne gespilen wâren, die sint træge und alt,
bereitet ist daz velt, verhouwen ist der walt,
wan daz das wasser fliuzet als ez wîlent flôz,
für wâr ich wânde mîn ungelücke wurde grôz.
mich grüezet maneger trâge,
  der mich kande ê wol,
diu werlt ist allenthalben ungenâden vol.
als ich gedenke an manegen
  wünneclîchen tac,
die mir sint enpfallen gar als in daz mer
  ein flac,
iemer mêre ouwê!*

Kenner sehen, daß ich in dieser Strophe mehrfach von dem Lachmannischen Text abgehe, worüber sich meine Anmerkungen rechtfertigen[**], hier sei zweierlei hervorgehoben. Die Worte »bereitet ist daz velt« ändert Lachmann gegen die Handschrift ohne allen Grund in »vereitet«, und recht erwogen ist das widersinnig. Der Heimkehrende findet das Aussehn der Gegend von vormals verändert, was unangebautes Feld, also Wiesengrund war, ist jetzt »bereitet«, d. h. umgebrochen in Äcker, der Wald ist ausgehauen, das Wasser, worunter

---

[*] In der Nachdichtung von Karl Simrock (1833):
  O weh, wohin verschwunden ist so manches Jahr?
  Träumte mir mein Leben, oder ist es wahr?
  Was stets mir wirklich deuchte, wars ein trüglich Spiel?
  Ich habe lang geschlafen, daß es mir entfiel:
  Nun bin ich erwacht und ist mir unbekannt,
  Was mir so kund einst war wie diese jener Hand.
  Leut und Land, die meine Kinderjahre sahn,
  Sind mir so fremde jetzt, als wär es Lug und Wahn;
  Die mir Gespielen waren, sind nun träg und alt,
  Umbrochen ist das Feld, verhauen ist der Wald;
  Nur das Wasser fließet, wie es weiland floß:
  Ja gewiß, ich bin des Unglücks Spielgenoß.
  Mich grüßet Mancher lau, der mich einst wohlgekannt,
  Die Welt fiel allenthalben aus der Gnade Stand;
  Weh, gedenk ich jetzt an manchen Wonnetag,
  Der mir nun zerronnen ist, wie in das Meer ein Schlag:
  Immer mehr o weh!

[**] *Anm. von Herman Grimm:* Auslauf (fehlt).

man sich zunächst den fränkischen Main in der Gegend von Würzburg zu denken hat, fließt noch wie ehedem. Wie sollte doch das Feld »vereitet«, d. i. verbrannt ausgesehen haben? Einen Wald kann der vorschreitende Landbau aushauen, reuten oder schwenden*, nicht aber das Feld. Das Feld würde höchstens nach einem verheerenden Krieg verbrannt heißen können, Walther schildert aber, was die Zeit, nicht was ein Heerzug verändert hat. In der Schlußzeile nehmen alle neueren Herausgeber die falsche Lesart slac statt des allein richtigen der Pariser Handschrift auf. Nun ist allerdings das wort flac, unser heutiges Flagge, in der alten Sprache sonst nicht aufzuweisen, was jedoch bei manchen anderen Ausdrücken eintritt. slac wurde geschrieben, weil allerdings gesagt wird »ein slac in den bach« von einer vergeblichen, entschwindenden Sache; wenn man in einen Bach schlägt, so trübt sich dessen glatte Oberfläche, doch schnell verschwindet die Spur des Schlags und die Glätte ist wiederhergestellt. Wer aber kann in das wogende Meer aus dem hohen Schiffe einen Schlag tun? Das würde gar nichts in den Wellen bewirken und wie mag von einem sol-

---

* reuten = roden; schwenden = nach Grimms Wörterbuch »schwinden machen, zerstören«.

24

chen Schlag gesagt werden, daß er »entfalle«? Ausgezeichnet schön aber bleibt das Bild einer von dem Mast des segelnden Schiffes niederfallenden Flagge. Sie kann nicht wieder eingeholt werden, so wenig als die vergangnen Tage des Lebens.

Es ist nicht meine Absicht, in dieser Schilderung allgemeiner Eindrücke, die das Alter auf uns macht, fortzufahren, vielmehr will ich suchen näher auszuführen, was im einzelnen zu seinen Gunsten oder Ungunsten behauptet werden kann.

Am schwersten wiegt aber die unmittelbare Schuld, die ihm gegeben wird, daß es Leib und Geist des Menschen schwäche, verwüste und dahinschwinden lasse. Hugo im »Renner« 23030 sagt geradezu:

alter nimt allen dingen ir kraft,

und von Aeson, den Medea verjüngen sollte, heißt es bei Konrad, »Trojanerkrieg« 10870:

sîn dürrez alter hât gelôst

von sîme herzen blüende jugent,

es ist an kreften und an tugent

verweiset und verarmet.[*]

---

[*] Bedingt durch sein Alter hat er die blühende Jugend seines Herzens eingebüßt, es ist an Kraft und guten Eigenschaften verwaist und verarmt.

Wir tragen alle Vorstellungen des Wachstums und des Vergehens der Pflanzenwelt treffend auf die menschlichen Zustände über. Wie Blätter gilben, Blumen welken, Bäume dorren, wird auch unserm Leib seine Frische und Grüne benommen; die Kraft, welche von Kindesbeinen an sich erhoben, eine ganze Jugend hindurch sich erhöht, im Mannesalter ihren Gipfel erreicht hatte, beginnt von da an erst unmerklich und langsam, dann immer sichtbarer zu sinken. Der Leib verfällt oder fällt ein, der Rückgrat biegt oder krümmt sich unter der Jahre Last, den Gliedern entgeht Glanz, Gelenkigkeit, Stärke. Alle Sprachen besitzen eine Menge von natürlichen althergebrachten Ausdrücken und Bildern, um diese leiblichen Erscheinungen zu bezeichnen, und zumal die lebendige Volksmundart versteht hier harmlosen Witz aufzuwenden für das fallende, erbleichende Haar, die geschlichteten, aufgelösten Locken, für die einschrumpfende Haut, die faltenziehende Stirne, für die in der Zahnreihe vorstehenden Lücken. In der Geschichte der Sprache und Poesie weiß man aus diesen Wörtern Gewinn zu ziehen, und eine kleine davon angelegte Sammlung, welche gegenwärtig mitzuteilen unpassend scheinen würde, bleibt in eine Beilage verwiesen.* Mehr oder

----

* *Anm. von Herman Grimm:* Fehlt.

wenig pflegt die Abnahme leiblicher Schönheit oder Fülle ins Auge zu fallen, läßt sich aber geübtem Blicke kaum verbergen: Man sagt, daß vorzugsweise Frauen die Gabe eigen sei, auf alle Zeichen und Erscheinungen des leiblichen Verfalls zu achten und aus der äußeren Bildung eines Menschen fast untrügliche Schlüsse auf sein Alter zu machen.

Noch bedeutsamer erscheint aber die den innern Sinnen durch Abnahme der äußeren im Alter drohende Gefahr und der ihnen zustoßende Schade. Das Auge büßt seinen Glanz ein, dunkelt und trieft, oder beide Augen, deren Sehkraft nicht mehr genau zusammenstimmt, sehen in gewissen Wendungen unrichtig und doppelt. Das Ohr verliert seine feine Schärfe und empfindet Sausen oder Pfeifen; die Stimme wird dünn, heiser und rauh, sie mag nicht mehr lauter und rein aus der Brust gezogen werden. Jene Mängel des Gesichts und Gehörs können sich bis zu voller Blindheit und Taubheit steigern, wie die Steifheit der Glieder und des Gefühls übertreten in machtloses Zittern, wovon das höhere Greisenalter das zitternde, bebende genannt wird.

Es ist wahr und unwidersprochen, daß im Alter eine merkbare Minderung dieser leiblichen Vermögen erfolge und daß zwar nicht schwere Krankheiten, dagegen die Menge von leichten es öfter heimsuchen als zur übrigen Lebenszeit. Doch gilt hier Einspruch und vielfache Beschwichtigung. Jene Abnahme ist noch keine Niederlage, oft nur ein neues Glühen und Auftauchen der Lebenskraft. Die meisten ungeleugneten Übel und Gebrechen des Alters treten dann als Einzelangriffe vor, die mit allem Gewinn einer glücklichen Verteidigung ganz oder teilweise abgeschlagen werden. Gibt doch die Natur keinen Menschen so preis, daß sie ihm alle Mittel der Gegenwehr alsbald entzöge und für erlittne Einbuße nicht auch mannigfache Vergütung bereithielte. Nehmen wir die sinnlichen Entbehrungen zum Beispiel. Man sagt, im Blinden verfeinert sich das Gefühl nicht selten bis auf den Grad, daß er mit allen Fingerspitzen gleichsam sehe; bei tauben Leuten soll sich Geschmack und Geruch höher als sonst ausbilden und bei Verwachsnen oder schon bei Hinkenden mag der auf ihre innere Gliederung durch das teilweise Hemmnis ausgeübte Druck wohl in Zusammenhang stehn mit einer angestrengten und gestärkten Geisteskraft, die sich häufig an ihnen gewahren läßt. Jedes Übel und Leiden führt leicht im stillen irgendeinen zugutekommenden Ersatz mit sich.

Man könnte also, ohne paradox zu sein, aufstellen, daß im Alter, so oft es die Gesundheit angreife und erschüttere, dazwischen ein Gefühl des Wohlseins reger walte als in den vorausgegangenen Lebensstufen. Die Empfindung beiwohnender Kraft und Stärke ist, auch wenn sie ihrer unbewußt bleibt, köstlich, doch übertroffen wird sie noch von dem Eindruck der Erholung nach eingetretener Müde, von der Wonne der Herstellung oder des Genesens da, wo die Gesundheit einmal gewichen und ausgeblieben war. Ruhe ist durch vorangegangenes Ermatten, Heilung durch Krankheit bedingt, und mitten in der Ruhe oder Genesung wirkt noch ein sie steigerndes Nachgefühl des müden und kranken Zustandes. Kindern sagt man nach, daß sie in ihre Gesundheit toben, Jünglinge schlagen sie oft in die Schanze und Männer haben nicht recht Zeit, ihrer zu gedenken.

> So wie ein Mann, der durchaus bis zum
> innersten Kerne gesund ist, nie der Gesundheit
> denkt, noch des Gangs ein rüstiger Wandrer.
> Voss 2, 193*

Den alten Wanderer labt es aber, über seinen vollbrachten Gang nachzudenken, und Greisen erhöht sich zusehends die Sorgfalt auf ihre Leibespflege. Sie lernen sich vor allem hüten, was ihnen Gefahr

---

* Johann Heinrich Voß, »Idyllen«, 1802.

droht, und alle günstigen Einflüsse bringen ihnen Behagen.

Ich möchte vom Erblinden und Ertauben, die zwar in jeder Zeit des Lebens, doch meist gegen dessen Schluß stattfinden, etwas näher reden. Das Licht ist stärker, edler, schneller als der erst hinter ihm ausbrechende, ihm nachfolgende Schall. Das Auge ist ein Herr, das Ohr ein Knecht, jenes schaut um, wohin es will, dieses nimmt auf, was ihm zugeführt wird. Darum hat auch die Natur das Auge reicher ausgestattet und der Sehkraft viel größere Tragweite gegeben als der Hörkraft, ein Augenzeuge ersieht noch, was der Ohrenzeuge nicht mehr hört. Künstliche Hilfe kann dem Ohr nur geringe, dem Auge die bedeutsamste geleistet werden. Durch ein Fernrohr erblickst du auf entlegnem Pfade einen Wandersmann dahergehen, du vermagst seine Gesichtszüge und Gebärden zu unterscheiden, die Knöpfe seines Rocks zu zählen, aber was er spricht oder ruft, bleibt dir unvernehmbar. Dem Gesicht wird solche Macht zugegeben, dem Gehör versagt. Des Hörens bedürfen wir zu vielem, des Sehens fast zu allem. Wer will es leugnen, daß die Verhüllung des Auges ein schwereres Leiden sei als die Verdumpfung des Ohrs, Blindheit den Menschen härter treffe als Taubheit? Wem das Gehör stockt, der kann, es ist wahr, nicht mehr die liebliche Stimme, die vertraute Anrede der Menschen vernehmen und meidet ihre Kreise; allein sein Auge schaut noch offen in die Welt wie zuvor, das Neugeschehende wird ihm heutzutage frisch auf der Stelle gedruckt zugetragen, und alles, was ihm bestimmt verkündigt werden soll, kann ihm ohne Beschwer schwarz auf weiß hinterbracht werden. Seine Kenntnisse, seine bisherigen Arbeiten lassen nicht nach, sondern haben einen desto ungestörteren Fortgang, als ihn überflüssige Rede, unnützes Geschwätz nicht mehr unterbricht. Ganz anders und weit stärker angegriffen stellt sich hingegen die gewohnte Wirksamkeit des Erblindenden dar. Mit einemmal sind ihm seine vorher gepflogenen und betriebenen Geschäfte wie abgeschnitten, er darf nicht mehr den eignen, sondern muß fremden Augen trauen, die ihm aufschlagen sollen, der Stimme eines andern, die ihm vorliest, was er lieber im Buche sähe, um einhalten oder zweimal lesen zu können, wo er Lust dazu hat. Alle hergebrachte Leichtigkeit und Sicherheit seines Lebens ist dahingeschwunden; trauliche Bezüge seines Umgangs mögen unbenommen und unabgeändert fortbestehn, nur die freie Selbsttätigkeit wird ihm mit dem entzognen Augenlicht wo nicht gehemmt, doch auf das schwerste beschränkt und verkümmert. Der

Blinde vermag keine Blicke mehr, wohl aber die Worte mit anderen zu tauschen, während dem Tauben die Gabe der Rede dauert und ihm Entgegnung bloß durch Gebärde und Zeichen zuteil wird.

Doch nirgends hat sich die Verschiedenheit des Altertums von unsrer Gegenwart stärker ausgeprägt als in den ganz abweichenden Richtungen, die den einfachsten Verhältnissen des Lebens durch neue, in ihrer fernen Wirkung unaufhaltbare Anstalten gegeben wurden. Die seit Erfindung der Druckerei bald allgemein durchgedrungene Verbreitung des Lesens, das dem Geist unablässige Nahrung zuführt, mußte hier zuinnerst eingreifen. Im Altertume, dünkt mich, war das Los des Blinden günstiger, das des Ertaubten schwerer. Der Blinde, dem sein früheres Leben eine Menge von Bildern eingedrückt hatte, bewahrt sie treu im Gedächtnis, was brauchte er noch viel neues zu sehen? Er zehrte am alten Gut, und aus dem Munde andrer wurde es ihm unaufhörlich gemehrt. Da die Kraft des Gedächtnisses durch innere Sammlung, unter Abgang des zerstreuenden Augenlichtes unglaublich steigt, so waren aufgeweckte Blinde vorzugsweise für den Gesang und das Hersagen der Volkslieder geeignet, und es ist kein bloßer Zufall, daß nicht nur unsern Vorfahren Blinde von dem hürnen Siegfried sangen, auch bei den Serben findet sich bis auf heute der Volksdichtung edelste Blüte eben im Munde und Gedächtnis blinder Greise aufbewahrt. Nur ein Blinder vermag eigentlich die von der Volkspoesie, wie wir sie uns vorstellen, ausgehenden Strahlen in der Stille seiner Seele zu hegen und zu vereinbaren; wo sich hernach sehende Augen einmischen, verderben sie es leicht wieder. Wird nicht dem blinden Manne von Chios das größte Epos aller Zeiten, dem blinden Ossian das wundervolle Gewirk der kostbaren Lieder des schottischen Hochlandes beigelegt?* Der unvergängliche, diesen augenlosen Greisen zugefallne Ruhm, offenbart sich in ihm nicht allein der hohe Wert des Alters selbst, sondern auch die allerreichste Vergeltung des verlornen äußeren Lichts? Den blinden Rhapsoden umsteht ein bewegter Kreis, der ihm lauscht und den er befeuert, seine Lebenskraft hat sich nicht verringert, sondern gesteigert, wir gewahren, erst dem höheren Alter war es beschieden, eine ewigjunge Dichtung hervorzubringen. Versetze ich aber einen seines Gehörs Verlustiggegangenen zurück

---

* Mehrere griechische Inseln, so auch Chios, nehmen für sich in Anspruch, die Heimat Homers zu sein. Jacob Grimm war noch nicht bekannt, daß sich die vermeintlich uralten Gesänge des blinden Ossian als Fälschung des Schotten James Macpherson (1736–1796) herausstellten.

in jene alte Zeit, so erscheint er mir fast als ein verlorner Mann, dessen eingeschränkte, freudenleere Tage sehnsüchtig dem Ende des Lebens entgegenschleichen mußten. Das alles hat sich in der gegenwärtigen Zeit umgedreht, und das Verhältnis der Blindheit zur Taubheit, kann man sagen, steht wieder auf dem der Natur angemessenen Fuß.

Wir haben die Schwächung oder Entziehung edler Sinne erwogen, von der vorzugsweise das Alter betroffen wird, unmittelbar an Glieder des Leibs gebunden, greift sie doch wesentlich zugleich den Geist an. Es bleibt übrig, der eigentlich geistigen Nachteile zu gedenken, die dem Alter vorgehalten, der Vorteile, die ihm eingeräumt werden.

Um auch hier mit den Vorwürfen anzuheben, so erschöpfen sich alle Sprachen in Ausdrücken, die ungünstig lauten. Bei Cicero heißen Greise morosi, anxii, difficiles, iracundi, avari: amariorem me senectus facit, stomachor omnia*. Aus einheimischen Schriftstellern ließe sich eine lange Reihe einstimmiger Beiwörter entnehmen: mürrisch, grämlich, eigensinnig, altfrän-

---

* Cicero in den Briefen an Atticus: Bitterer macht mich das Alter, ich ärgere mich über alles.

kisch, ableibig, protzend, sauersehend, Karger, Knicker, Erbsenzähler, Filz, Unke, betrübte Hausunke,

> verzehren die zeit einsam wie ein unk,
>
> H. Sachs, I. 370b,

was zunächst auf einen harthörigen Stubenhocker geht. Gleich altem Wein nehmen Greise auch Säure an, doch wird nicht jeder alternde Wein sauer. Altfränkisch, an Bräuchen und Gewohnheiten seines früheren Lebens festhangend, erklärt sich von selbst und ist auch nicht ohne guten, wahren Sinn, denn welchem Menschen erschienen nicht Erinnerungen aus seiner Jugend wert und höher beleuchtet? Welche Tracht hält er für kleidsamer als die man in seinen Jünglingstagen trug?

Seltsamer und am gehässigsten lautet das Laster und der Schmutz des Geizes. Cato bei Cicero begreift ihn gar nicht, avaritia senilis, quid sibi velit, non intelligo*, was könne törichter sein als, je weniger des Weges übrig stehe, um desto größere Wegezehrung zu sorgen; einer, der weiß, daß er bald aus der Welt weichen muß, warum häuft er ängstlich Geld und Schätze, die nach seinem Ableben lachenden Erben zufallen?

---

* »Cato maior de senectute«: Worauf es der Geiz der alten Leute abgesehen hat, begreife ich nicht.

Dieser Zug und Trieb scheint aber fester gegründet, als daß ihm ein so allgemeiner Einwurf etwas anhaben könnte. In allen Lustspielen sind die Geizigen immer Greise, die Verschwender Jünglinge, welchen die Zeit lang wird, bis das zusammengescharrte Gut ihnen zuteil werde. Während fast alle andern Leidenschaften im Alter erblassen und sich abstumpfen, wächst die Habsucht und nimmt mit den Jahren zu, sie ist gerichtet auf einen Gegenstand, der sich im liegen mehrt, d.h. durch unablässige Wachsamkeit verdoppelt oder verzehnfacht werden kann, woraus ein zwar ängstliches, aber behagendes Gefühl der Sicherheit in allen noch bevorstehenden Lebensverhältnissen entspringt. Der Geizige liegt auf seinem Golde einem hütenden Drachen gleich, wie der nordischen Sage zufolge Attila auf dem Nibelungenhort eingesperrt Hungers starb. Man erzählt von Sterbenden, die sich ihren Kasten voll Ringe und Geschmeide auf das Todesbett bringen ließen, um ihr brechendes Auge noch daran zu weiden und mit erstarrenden Fingern darin zu wühlen. Doch mögen mancherlei schwer erkennbare, verschiedenartigste Ursachen bei diesem unleugbaren Geiz des Alters mitwirken, und es verlohnt sich, darüber nachzudenken. Unter dem Volk können abergläubische fortüberlieferte Triebfedern in aller Stille festkleben oder nachzucken. Denn vollen Sinn hatte es, daß die Heiden in ihre Grabhügel Knechte, Rosse, Waffen, Ringe mit beistatten ließen, deren sie, im andern Leben angelangt, sich alsogleich wieder bedienen könnten. Warum sollte einer nicht das beste seiner Habe aufsparen wollen, um es mit sich hinüberzunehmen? Athenaeus p. 159 berichtet von einem Geizhals, der sich Geld in den Chiton einnähte und ausdrücklich weder ausgekleidet noch verbrannt sein wollte, damit sein Schatz nicht gefunden noch von den Flammen ergriffen würde. Bis in unsre Tage tauchen hin und wieder Erzählungen auf von Leuten, die kostbare Ringe an ihrem Finger behalten wollten und Gold, ja Papiergeld in den Sarg bergen und einschließen ließen, sei es um diese Habe mitzunehmen oder wenigstens sie verhaßten Erben zu entziehen. Von einer besseren, ohne Zweifel auch begründeteren Seite angesehn, läßt sich die Geldliebe des Alters am leichtesten so deuten, daß an strenge Ordnung in ihrem Haushalt gewöhnte Männer eine lobenswerte Genauigkeit allmählich in tadelhafte Kargheit übertreten lassen; der Alte, weil er selbst weniger braucht, bildet sich ein, daß auch jüngere damit ausreichen müßten.

Doch ab von allen diesen leiblichen oder sittlichen Gebrechen und Fehlern, bei deren Betrachtung, wenn sie auch mildere Seiten darbot, immer eine empfindbare Herbe hinterblieb, richten wir den Blick auf Tugenden und Vorzüge, die das Alter mit andern Lebensstufen noch gemein hat oder die ihm sogar als eigen zuerkannt werden mögen. Jene Vorstellung eines müden, ohnmächtigen, harten, unseligen Alters wird sich umbilden in ein Bild von Linde, Milde, Behagen, Mut und Arbeitslust, das ist die lenis, placida, fortis senectus.

Und wie selbst einfallende Gesichtszüge sich noch veredeln, früher unbemerkte Ähnlichkeiten mit den Voreltern erst jetzt heraustreten lassen, weshalb es auch wohl heißt, daß alte Leute manchmal schöner werden als sie vorher waren, ebenso müssen wir ihnen auch zugestehn, daß der lange Verkehr des durchlaufenen Lebens sie aufgeheitert, feiner gemacht, eine freundliche und liebreiche, keine verdrossene Stimmung der Seele hervorgebracht haben kann. Von unsern Nachbarn über dem Rhein gilt für ausgemacht, seien sie schon als junge Leute brausend, anmaßend und oft unleidlich, so gebe es doch keinen angenehmeren, liebenswürdigeren Gesellschafter als einen ins Alter eingetretenen Franzosen, der fortan unvergleichlichen Takt mit der gutmütigsten Aufmerksamkeit zu verbinden wisse und überall vergnügend anrege.

Vorhin schon wurde aufgestellt, daß im Alter mit der sinkenden Lebenskraft sich zugleich die Empfindung der Gesundheit erhöhe, und das ist kein Widerspruch, da bei allem, was seinem Verlust entgegengeht, ein geheimer und glücklicher Trieb waltet, es bis zur letzten Frist zu sichern und aufrecht zu erhalten. Man darf weiter sagen, daß in Greisen das Gefühl für die Natur steige und vollkommner werde als es im vorausgehenden Leben war und daß alles sie zum sicheren Verkehr mit dieser stillen und fesselnden Gewalt dränge oder anweise. Mit welcher Andacht schaut der Mensch im Alter empor zu den leuchtenden Sternen, die seit undenkbarer Zeit so gestanden haben wie sie jetzt stehn und die bald auch über seinem Grab glänzen werden. Wie schön begründet ist es, daß Greise die stärkende Gartenpflege und Bienenzucht gern übernehmen, ihr Impfen, Pfropfen geschieht alles nicht mehr für sie selbst, nur für die nachkommenden Geschlechter, die erst des Schattens der Neupflanzung froh werden können; was rührt mehr, als daß der heimkehrende Odysseus seinen von der Sehnsucht nach ihm verzehrten Vater Laertes mitten in der Gartenarbeit überrascht? Nicht gesagt zu werden braucht, daß Cicero den Cato, der uns selbst ein köstliches Buch über den Landbau hinterlassen hat, allen Greisen auch die Gärten ans Herz legen läßt.

Eins aber ist bis auf heute und solange die Welt stehen wird recht für das Alter gemacht und wie geschaffen, der einsame Spaziergang. Schon der Knabe streift gern über Feld, suchend nach Vogelnestern und Schmetterlingen, der Jüngling schweift durch Wald und Wiesen in seinen Träumen und Gedanken an die Geliebte, und der Mann der findet am seltensten Muße, sich ins Freie zu ergehen, denn hundert Pläne und Geschäfte halten ihn in der Stadt zurück. Für den Greis hingegen wird jeder Spaziergang zum Lustwandel, diese Verdeutschung könnte steif aussehen, diesmal hat sie den Nagel auf den Kopf getroffen. Auf allen Schritten, die solch ein Lustwandelnder tut, bei jedem Atemzug aus der reinen Luft schöpft er sich Lebenskraft und Erholung; in jüngern Jahren meint man wohl auch Zeit zu verlieren mit dem Spazieren, nunmehr bringen sie keinen Verlust, sondern lauter Gewinn. Denn dazwischen gehen die eignen mit sich getragnen Gedanken ungestört und unbeeinträchtigt immer fort: Ich habe es wohl an mir erfahren, daß, wenn entlegne Pfade mich über Flur und Äcker führten, selbst unter verdoppeltem Schritt gute Einfälle mir zuflossen; waren irgendwo Zweifel zu Hause hängen geblieben, plötzlich wurden sie im peripatetischen Nachsinnen gelöst. Und unterwegs einem lieben

Bekannten zu begegnen! Wie freute mich innig, im Tiergarten auf meinen Bruder, wenn er plötzlich von der andern Seite herkam, zu stoßen, nickend und schweigend gingen wir nebeneinander vorüber, das kann nun nicht mehr geschehen.

Wenn zu beschaulichem Naturgenuß höchst aufgelegt, warum sollte das Alter strengen Arbeiten sich nicht mehr gewachsen fühlen, weshalb untaugend dafür geworden sein? Seine Rüstkammern stehn ja angefüllt, an Erfahrungen hat es jahraus jahrein immer mehr in sie eingetragen, soll sein gesammelter Schatz nur in fremde Hände fallen? Doch nicht bloß am Vorrat zehren will es, es hat auch unaufhörlich fortgesonnen und seine Ausbeute zu vertiefen getrachtet. Einer unsrer ehrlichsten alten Dichter, Hugo von Trimberg, selbst ein hochbetagter Greis, spricht die schönen Worte:

> alters freude und âbentschîn
> mügen wol gelîch einander sîn,
> sie trœstent wol und varnt hin
> als ime regen ein müediu bin.
> Renner 23009

Er vergleicht das Alter der tröstlichen Abendröte und einer im Regen heimfahrenden müden Biene, sie läßt nicht nach in ihrer Arbeitsamkeit, fällt ihr schon das

Arbeiten schwerer. Junge Brut fliegt schnell aus und ein und wird nicht so leicht vom Wetter überrascht, die alte Biene kommt spät, aber sie kommt doch. In begabten, auserwählten Männern halten Kraft und Ausdauer fast ohne Abnutzung weit länger noch. Welche Fülle ununterbrochner Tätigkeit und geistiger Gewalt hat ein Humboldt bis ins fernste Alter allen zu staunender Bewunderung kundgegeben, und die Herrschergabe des großen Königs, dessen ruhmvolles Andenken wir heute feiern, erschien sie nicht bis zum Schluß seines Daseins unermattet, unversiegt?* Andern steigt der Mut über die Kraft hinaus. Es mag Arbeiten und Unternehmungen geben, die sich für das Alter besonders eignen, die emsig eingeholte Erfahrung voraussetzen und stillen, ruhigen Abschluß verlangen: ein Philolog durfte wagen, zuletzt an ein Wörterbuch die Hand zu legen, dessen fernliegendes, fast zurückweichendes Endziel in der engen Frist des ihm noch übrigen Lebens, wo die Regentropfen schon dichter fallen, leicht nicht mehr zu erreichen steht. Diese aus dem bescheidenen Gefühl menschlicher Unzulänglichkeit

---

* Friedrich II., der Große, dem die Feierstunde galt, anläßlich der Jacob Grimm diese Rede hielt, regierte 46 Jahre lang als preußischer König und wurde 74 Jahre alt.

entsprungene Erwähnung wird nicht mißgedeutet werden.*

Zu also ungetilgter Arbeitsfähigkeit und ungetrübter Forschungslust gesellt sich aber ein anderer und höherer Vorzug der zusamt mit dem Alter wachsenden und gefestigten freien Gesinnung. In wem (und welchem Menschen sollte das versagt sein?) schon von Frühe an der Freiheit Keim lag, in wessen langem Leben die edle Pflanze fortgedieh, wie könnte anders geschehen, als daß sie im Herzen des Greises tief gewurzelt erschiene und ihn bis ans Ende begleitete? Je näher wir dem Rande des Grabes treten, desto ferner weichen von uns sollten Scheu und Bedenken, die wir früher hatten, die erkannte Wahrheit, da wo es an uns kommt, auch kühn zu bekennen. Auf ihrem Verleugnen beruht der Fortbestand und die Verbreitung schädlicher und großer Irrtümer. Nun ist uns in vielen Verhältnissen Gelegenheit geboten, eine freie Denkungsart zu bewähren, hauptsächlich aber zu äußern hat sie sich in den beiden Lagen, wo das menschliche Leben am innersten erregt und ergriffen ist, in der

---

* Jacob Grimm spielt auf seine und seines Bruders Arbeit am »Deutschen Wörterbuch« (erster Band 1854) an, die letztlich nur wenige Buchstaben des Alphabets zum Abschluß brachte. Siehe auch seine Rede auf Wilhelm Grimm, S. 74 f.

Beschaffenheit unseres Glaubens und der Einrichtung unseres öffentlichen Wesens. Einem freigesinnten alten Mann wird nur die Religion für die wahre gelten, welche mit Fortschaffung aller Wegsperre den endlosen Geheimnissen Gottes und der Natur immer näherzurücken gestattet, ohne in den Wahn zu fallen, daß eine solche beseligende Näherung jemals vollständiger Abschluß werden könne, da wir dann aufhören würden, Menschen zu sein. Wünschenswerteste Landesverfassung aber erschiene ihm, die es verstände, mit dem größten Schutz aller einen ungestörten und unantastbaren Spielraum für jeden einzelnen zu schaffen und zu vereinbaren. Sicher ist nun, daß hinter allen Wünschen die Wirklichkeit, an die wir zunächst gebunden sind, in unermessenem Abstande stehn bleibt, doch sollen uns jene Ideale vorschweben als Leitsterne, und wer wollte dem Alter den Wahn abschneiden, daß es sie schon am Rande des Horizonts aufschimmern sieht?

Bei den meisten Völkern stand das Alter in Ehren und bereits im Hirtenleben, dessen Häupter Väter und Greise waren, sein Ansehn begründet. Es war uralter Brauch, durch seinen Mund das Recht sprechen zu lassen und sich Rates bei ihm zu erholen, im Gericht und in allen Versammlungen gebührte ihm Vorsitz, süße

Worte flossen von Nestors Lippen, und wer in grauer Vorzeit hätte Gesetze entworfen und Weisheit gelehrt, wenn nicht durch Weisheit und Gedankenreichtum ausgerüstete Männer? Doch im Fortgange menschlicher Bildung liegt es unausbleiblich, daß allmählich Vorgewicht und Einfluß von dem bloßen Stande übergingen auf die, deren Geistesgaben und Tatkraft auch schon im Mannesalter vorragten, und es bezeichnet die Überlegenheit athenischer Zustände, daß sie dem Alter geringere Ehre erwiesen, als ihm in Sparta zuteil wurde. Genaue und ins einzelne gehende Darlegung der Verschiedenheiten, welche bei allen Völkern in bezug auf das dem Alter gewährte größere oder mindere Ansehn bestehn, müßte anziehende und belebende Ergebnisse liefern. Es ist z. B. bezeichnend, daß die sonst allgemein eingeführte Rangbestimmung nach dem Alter heutzutage einer zwar leichteren, aber kälteren Nachfolge des Alphabets zu weichen pflegt, doch nicht in unserer Akademie, die den Turnus ihrer Vorlesungen nach dem Alter des Eintritts ihrer Mitglieder regelt.

Ich nähere mich dem Schlusse meiner Betrachtungen und glaube manches zur Stütze der Ansicht vorgebracht zu haben, daß das Alter nicht einen bloßen Niederfall der Virilität, vielmehr eine eigene Macht darstelle, die sich nach ihren besonderen Gesetzen und Bedingungen entfalte; es ist die Zeit einer im vorausgegangenen Leben noch nicht so dagewesenen Ruhe und Befriedigung, an welchem Zustand dann auch eigentümliche Wirkungen vortreten müssen.

Was man in der Jugend wünscht,
hat man im Alter die Fülle,

ruft uns ein großer Dichter zu[*], der selbst eins der reichsten, gesegnetsten Alter durchlebte. Der Jugend gehören die Wünsche, dem Alter fällt in vielem die Erfüllung zu. Wenn im Alter Wehklage und Sehnsucht nach dem Tode ertönt, so liegt, wie wir oben sahen, die Ursache weniger in dem Alter selbst als in herbeigeführten andern Verhältnissen. Laertes wünschte zu sterben, weil sein geliebter Sohn ausblieb, nicht wegen Hinfälligkeit des Leibs. Ein gesundes Alter ist zugleich lebensfroh. Selbstmord ist verabscheuungswürdig, gegen die menschliche Natur und wider den mächtigsten, im geringsten Tier regen Trieb des Lebens, denn kein Tier tut sich selbst ein Leid an. Gleichen Abscheu flößen uns ein die noch unausgerottete, ehmals weitverbreitete Witwenverbrennung, die Aussetzung der

---

[*] Johann Wolfgang Goethe in »Aus meinem Leben. Dichtung und Wahrheit«.

46

Kinder und die Tötung alter Greise, der wir selbst in der Vorzeit edler Völker begegnen und die uns wilde Stämme noch heute als einen Vorwurf wie im Spiegel vorhalten. Wahr ist, daß alte Greise heiter sich vom Felsen niederstürzten, Witwen freiwillig und freudig den Scheiterhaufen bestiegen; das war einer grausamen Sitte Wahn und ist rein menschlichen Begriffen von Grund aus widerstrebend.

Wie menschlich gedacht ist dagegen die äsopische Fabel vom Greis, der in den Wald ging, Holz zu fällen, und nun von seiner Bürde überwältigt und den Tod herbeirufend sie hin zu Boden warf. Als der Tod schnell nahte, hatte der Greis nichts zu bitten, als daß er ihm die Last wieder auf die Schulter helfe. Keinen Alten, sagt man, gibt es, der nicht noch ein Jahr zu leben gedächte. Einigemal findet sich der Widerwillen ausgedrückt, das vollbrachte Leben noch einmal durchzuführen, der Greis möchte nicht wieder ein Kind werden und in der Wiege schreien (repuerascere et in cunis vagire). Hugo ruft:

> Got müeze mir ein sæligez ende geben,
> wan ich sô lenge niht wolde leben
> ûf erden als ich gelebet hân.[*] Renner 21297

---

[*] Gott möge mir ein seliges Ende geben, da ich so wie bislang nicht länger leben möchte.

Das ist wahr empfunden, aber eitle Sorge, nimmer hat ein Greis zum zweitenmal gelebt. Kindisch werden mag er wohl, nicht wieder zum Kinde.

Wir sind da angelangt, wo eingeräumt werden soll, was niemand leugnen mag. Das Alter liegt hart an des Lebens Grenze, und wenn der Tod in allen Altern eintreten oder ausbleiben darf, im Greisenalter muß er eintreten und kann nicht länger ausbleiben. Wir wissen, daß der Tod in den ersten Jahren ihres Lebens eine Menge unschuldiger Kinder wegrafft, doch er schont ihrer oft, des Greises schont er zuletzt nicht mehr. Alles, was begonnen hat, muß auch aufhören, der Stab, den du oben fassest, unten geht er zu Ende. Die Natur, gütig und grausam zugleich, mit dem einen Auge scheint sie froh auf das neugeborne Kind niederzuschauen, mit dem andern unerbarmend auf die Leiche des alten Mannes. Jede Abweichung von ihrem festen Gange brächte ihr Störung, wider den Tod ist kein Kraut gewachsen. Was ist nun trauriger, eines Jünglings Tod oder des Greises? Jener ist nach Ciceros schönem Gleichnis, wie wenn man unreife Äpfel vom Baume abreißt, dieser, wie wenn sie reif vom Zweig selbst herunterfallen. Des Jünglings Tod, wie wenn du Wasser auf eine Flamme gießest und sie gewaltsam auslöschest, des Greises, wie wenn ein Feuer in sich verglimmt. Dies Verglimmen stimmt mit dem der Abendröte am Himmel, die wir schon einigemal zum Greisenalter hielten, nach ihr folgt düstere Dämmerung und dann bricht Nacht ein. Senectus crepusculum est, quod longum esse non potest, sagte auch schon Fronto.[*] Solange uns die Sonne leuchtet, ist Zeit des Wirkens, bis unsre Tage ausgelebt und wie einzelne Tropfen vom Dach niedergefallen sind. Wir treten auf die Erde und schreiten über den Grund hin, bis wir in den mütterlichen Schoß zurücksinken. Unsre heidnischen Voreltern legten einem Sterbenden die Worte in den Mund: Heute abend werde ich beim Wodan zu Gaste sein, und noch heute hat das Volk die derben, aber treffenden Redensarten: Sein letztes Brot ist ihm gebacken, sein letztes Kleid geschnitten. Goethe, mit einem heiteren, aber tiefsinnigen, Glück und Leben zusammenstellenden Euphemismus, sagt:

Der Mensch erfährt, er sei nun wer er mag,
Ein letztes Glück und einen letzten Tag.

---

[*] Marcus Cornelius Fronto, römischer Grammatiker und Rhetor (100 bis 170), in seinen Briefen: Das Alter ist eine Abenddämmerung, die nicht mehr lang währen kann.

Rede auf Wilhelm Grimm

Ich soll hier vom Bruder reden, den nun schon ein halbes Jahr lang meine Augen nicht mehr erblicken, der doch nachts im Traum, ohne alle Ahnung seines Abscheidens, immer noch neben mir ist. Ihm zum Andenken niedergelegt sei denn ein Gebund Erinnerungen, die sich aber, wie man in diesem Kreise erwarten wird, fast nur auf seine wissenschaftliche Tätigkeit erstrecken. Seine sonstigen Lebensbegegnisse hat er selbst schon einmal anderswo erzählt.

Unter Sippen und Blutsverwandten dauert ja die lebendigste, vollste Kunde, und ihnen stehn von Natur geheime Zugänge offen, die sich den andern schließen. Nicht allein leibliche Eigenheiten und Züge haben sich einzelnen Gliedern eines Geschlechts eingeprägt und zucken in wunderbarer Mischung nach, sondern dasselbe tut auch die geistige Besonderheit, daß man oft darüber staunt; da hält ein Kind den Kopf oder dreht die Achsel genau wie es Vater oder Großvater getan hatte, und aus seiner Kehle erschallen bestimmte Laute mit derselben Modulation, die jenen geläufig war; die leisesten Anlagen, Fähigkeiten und Eindrücke der Seele, warum sollten nicht auch sie sich wiederholen? Menschlicher Freiheit geschieht dadurch kein Eintrag, denn neben solchen Einstimmungen und Ähnlichkeiten entfaltet sich zugleich auch die entschiedenste Selbständigkeit jedes einzelnen, weder dem Leib noch dem Geiste nach sind sich je, solange die Welt besteht, zwei Menschen vollkommen einander gleich gewesen, nur neben, mitten der die Regel bildenden menschlichen Individualität brechen strichweise wie aus dem Hintergrund jene Ausnahmen vor, die das Band unsrer Abstammung nicht verleugnen und ihm Rechnung tragen.

Mir erscheint nun, daß dieser edle, die Menschheit festigende und bestätigende Hintergrund seine größte Kraft hat zwischen Geschwistern, stärkere sogar als zwischen Eltern und Kindern. Geschlechter haben sich zu Stämmen, Stämme zu Völkern erhoben nicht sowohl dadurch, daß auf den Vater Söhne und Enkel in unabsehbarer Reihe folgten, als dadurch, daß Brüder und Bruderskinder auf der Seite fest zu dem Stamm hielten. Nicht die Descendenten, erst die Collateralen sind es, die einen Stamm gründen, nicht auf Sohnschaft sowohl als auf Brüderschaft beruht ein Volk in seiner Breite. Ich laufe Gefahr, mich in eine politische Anwendung zu verlieren, und will lieber den einfachen Grund angeben, warum Brüder sich besser verstehen und erkennen als Vater und Sohn. Eltern und Kinder leben nur ein halbes Leben miteinander, Geschwister ein ganzes. Der Sohn hat seines Vaters Kindheit und Jugend nie gesehen, der Vater nicht mehr seinen Sohn als reifen Mann und Greis erlebt. Eltern und Kinder sind sich also nicht volle Zeitgenossen, das Leben der Eltern sinkt vorne in die Vergangenheit, das der Kinder steht hinten in die Zukunft; aber Geschwister, wenn ihr Lebensfaden nicht zu früh abgeschnitten wurde, haben zusammen als Kinder gespielt, gehandelt als Männer und nebeneinander gesessen bis ins Alter. Niemand weiß folglich besser bescheid zu geben als vom Bruder der Bruder, und diesem natürlichen Verhalt hinzu tritt noch ein sittlicher. Der Vater vom Sohne redend wird sich seiner Gewalt über ihn stets bewußt bleiben, der Sohn Zeugnis vom Vater ablegend der gewohnten Ehrfurcht nie vergessen. Geschwister aber stehen untereinander, ihrer wechselseitigen Liebe zum Trotz, frei und unabhängig, so daß ihr Urteil kein Blatt vor den Mund nimmt. Und dazu nun die leibliche Geschwisterähnlichkeit, also insgeheim auch die geistige. Dem Vater gleicht der Sohn nur mehr oder weniger als halb, weil er auch Mutterzüge in sich aufnimmt, hingegen Brüder teilen sich in des Vaters und der Mutter Gesicht und besitzen von jedem irgend etwas; laßt Brüder sich in der Kindheit noch so unähnlich erscheinen, im Alter, wenn ihre Wangen einfallen, gleichen sie einander durch die Bank.

Von acht unsrer Eltern Söhnen war ich der zweite, Wilhelm der dritte, beide nur *ein* Jahr im Alter unterschieden, gleich gekleidet und stets zusammenrückend, zum vierten Bruder hin war ein größerer Abstand, und wenn ich seiner gedenke, trübt sich die Seele mir, daß er sein ganzes Leben hindurch alleinstehend mehr auf sich selbst angewiesen war. Auch der fünfte und sechste hielten nah zueinander, der siebente und achte waren wie der erste Bruder noch als kleine Kinder dem Tode verfallen, so daß ich nun obenan stand. Man hört wohl sagen, daß in gesegneter Ehe die älteren Kinder mehr dem Vater, die jüngeren mehr der Mutter nachschlagen sowie daß unter den Söhnen der erste minder begabt sei als der zweite, diesen aber der dritte übertreffe, wie auch in Kindermärchen immer der dritte hervorgehoben wird; haben solche Wahrnehmungen irgend Grund, so stehn ihnen sicher zahllose Ausnahmen entgegen.

Wilhelm, ein blühender, froher Knabe, hatte die Kinderjahre ohne Gefahr durchlaufen und alle Krank-

heiten waren an ihm vorübergegangen, während mich
Maser und Blattern hart ergriffen und meinem Gesicht
eine Fülle von Narben eindrückten, deren Spur lange
nicht schwinden wollte, er blieb unversehrt davon.
Als wir vollwachsen waren, ragte er daumenbreit über
mich hinaus, an des Jünglings Gesundheit begann
aber, wie am rotwangigen Apfel, innerst ein Wurm zu
nagen, dessen Sitz die Ärzte jahrelang nicht konnten
ausfindig machen, bald war dem Siechenden sein Atem
beklommen, daß er nur mühsame Schritte tat, bald das
Herz beschwert: Es fing plötzlich heftiger zu klopfen
an und ließ nicht nach, bis durch einen harten Schlag,
wie man einen Kasten zuwirft, das Gleichgewicht der
Pulse hergestellt wurde. Diese steten, in der frischesten
Lebenszeit sich erneuernden Ängste und Drohungen
eines Übels, das er nie vollends überwand, obschon
die Gefahr nach Stufen zurückwich, mußten auf seine
ganze Gemütsart und Empfindungsweise einen tiefen
Eindruck hinterlassen. Den einzelnen Anfällen war
jedesmal Abspannung, dann wohltätige Erholung ge-
folgt, der Kopf zum Glück immer ganz frei geblieben,
und von da aus senkte sich bald auch neuer Mut in die
abgemattete Brust. Unmittelbar in der Schwächung
des Leibs fühlte sich sein Geist gekräftigt und früher
als gewöhnlich reifend, Geduld und Gleichmut fachten

seine Lebenshoffnung unausgesetzt an, gaben seinen Gedanken Schwung und flößten ihm Feinheit des Nachsinnens, Takt der Beobachtungen ein. Was er damals dachte oder niederschrieb, würde er auch später noch ebenso gedacht und geschrieben haben, seiner Ausbildung war aller Sprung benommen und ein förderndes Ebenmaß verliehen. Um diese Zeit las er nicht allein zur Schonung und Erheiterung, sondern aus innerem Trieb unsere großen Dichter und war gleich entschieden Goethe zugewandt, während ich, der weniger anhaltend im Zusammenhang lesen konnte, erst mehr von Schiller eingenommen, nach und nach auch von jenem ergriffen wurde. Dann aber tröstete und ergötzte ihn ein uns beiden wie von selbst aufgegangnes, durch keinen Unterricht gehobenes Zeichentalent: In Tusch und Sepia, mit Pinsel oder Rabenfeder pflegten wir Figuren und Bäume sauber nachzubilden, welche Neigung uns noch bis ins erste Universitätsjahr begleitete, hernach mußte sie zurückstehen. Ihm aber hat die günstig erworbene Fertigkeit, worin er es weiter gebracht hatte als ich, späterhin Dienste geleistet, da ihn alte wichtige Handschriften zur Durchzeichnung ihrer Züge und Bilder reizten, deren Inhalt dann auch vorgenommen und von ihm veröffentlicht wurde.

So nahm uns denn in den langsam schleichenden Schuljahren *ein* Bett auf und *ein* Stübchen, da saßen wir an *einem* und demselben Tisch arbeitend, hernach in der Studentenzeit standen zwei Bette und zwei Tische in derselben Stube, im späteren Leben noch immer zwei Arbeitstische in dem nämlichen Zimmer, endlich bis zuletzt in zwei Zimmern nebeneinander, immer unter *einem* Dach in gänzlicher unangefochten und ungestört beibehaltener Gemeinschaft unsrer Habe und Bücher, mit Ausnahme weniger, die jedem gleich zur Hand liegen mußten und darum doppelt gekauft wurden. Auch unsere letzten Bette, hat es allen Anschein, werden wieder dicht nebeneinander gemacht sein; erwäge man, ob wir zusammengehören und ob von ihm redend ich es vermeiden kann, meiner dabei zu erwähnen.

Auf der Universität hatten wir einer wie der andere dasselbe Studium ergriffen, das der Rechtswissenschaft, durch nichts zu ihr hingezogen als weil der Vater schon, der selbst Jurist war, es so gemeint oder angeordnet hatte oder weil für die früh verwitwete Mutter auf dieser Laufbahn ihrer ältesten Söhne am schnellsten eine Stütze hervorgehn sollte. Bricht einmal die altverlebte Einteilung allen Wissens in vier Fakultäten zusammen, deren jede in ihrem Schlepp die verschiedenartigsten Gegenstände des Lebens und Lernens gefaltet mit sich trägt, dann wird auch Jünglingen der gerade Weg zu dem, was sie mit deutlichem Trieb von frühauf anziehn und einmal erfüllen soll, unverbaut sein, zur Seite liegen bleiben dürfen, was die Vorbereitung auf ein verwickeltes, oft zweideutiges und fruchtloses Examen von ihnen fordert, und dann kann das rechte Losungswort für ihr eigentliches Talent desto leichter ausgesprochen werden. Keinem von uns beiden, die wir mit Ernst und Eifer studierten, hat die erworbne Rechtskenntnis hernach zu irgendeiner Stellung im Lande verholfen; den Gedanken, mich einem gelehrten Betrieb des römischen Rechts zu widmen, mußte ich fahren lassen, und durch Einführung des Code Napoleon in Hessen war uns ohnedem alle Freude an der Wissenschaft benommen, der Gewinn des mühsam Erlernten hingeschwunden. Für Wilhelm sogar spurlos, ich wenigstens habe aus freien Stücken mich noch in der Folgezeit mit dem Altdeutschen recht näher befaßt. Die Universität aber war uns, als freiere Fortsetzung der Schule, nur zu einem allgemeinen Bildungsmittel geworden.

Wir hatten, eine lange schon genährte Neigung ausbildend, unser Ziel auf Erforschung der einheimischen Sprache und Dichtkunst gestellt, welchen man

doch die lebhafteste Anziehungskraft für junge Gemü-
ter beilegen muß. Die Denkmäler und Überreste unserer Vorzeit rücken einem unbefangnen Sinn näher als
alle ausländischen, scheinen unleugbar größere Sicherheit der Erkenntnis anzubieten und in alle Beziehun-
gen des Vaterlandes einzugreifen. Der Mensch würde
sich selbst geringschätzen, wenn er das, was seine
Ureltern nicht in eitlem, vorübergehendem Drang,
vielmehr nach bewährter Sitte lange Zeiten hindurch
hervorgebracht haben, verachten wollte. Auf die kräf-
tige Speise und auf alle Leckerbissen der klassischen
Literatur mundet auch die einfachere derbe Haus-
mannskost. Gerade daß uns so viel Zerbröckeltes,
Unvollendetes und lückenhaft Aufbewahrtes vor Augen
geführt wird, regt die Einbildungskraft an, und Bruch-
stücke flößen uns ein Mitleiden ein, das sie zu betrachten und zu ergänzen auffordert. Offenen Blicken
konnte sich nicht bergen, daß hier ein frisches, fast
unbebautes Feld vorliege, dem günstige Erträge abzu-
gewinnen seien. Was in den letztverflossenen hundert
Jahren dafür unternommen worden war, erwies sich als
ohnmächtig; darunter ragten Bodmers Bemühungen
als das bedeutendste vor, ohne daß sie Nachfolge,
geschweige Fortschritte aufgerufen hätten. Lessings
Geist ahnte den Wert unserer alten Dichtung, war aber

nicht auf das beste und vorzüglichste, sondern auf Stücke erst des zweiten oder dritten Rangs gefallen. Klopstocks verschrobene Kunde von unserm Altertum konnte keine Wirkung erzeugen, gründlich und mehr als man öffentlich davon gehört hat, war Vossens Bestreben, nur daß es unter vielen andern Arbeiten nicht in die Höhe wachsen konnte, bloß in seinem Werke von der Zeitmessung blicken deutliche Kennzeichen dessen durch, was er zunächst vorgenommen hatte. Goethe und Schiller zeigten der altdeutschen Poesie sich eher abgeneigt als förderlich, und erst die neueren romantischen Dichter begannen sie nachdrücklich zu empfehlen.

Es war uns, mir erst nach anderweit eingelenkten schweren Versuchen, zuletzt gelungen, wieder zusammen an der nämlichen Bibliothek eine Stellung zu finden, die unsere Pläne und Vorsätze begünstigte. Nun galt es stille, ruhige Arbeit und Sammlung, die sich jahrelang nur selbst genügen konnten und unser Wissen langsam, doch unablässig gedeihen ließen. Es waren die glücklichsten Jahre unseres Lebens, in solcher Ruhe, wenn ich hier die Worte eines alten Dichters gebrauchen darf, ergrünte unser Herz wie auf einer Aue, von allen Seiten her, nach allen Seiten hin war gesammelt und geforscht worden, endlich erwachte auch das Verlangen, einiges von unsern Ergebnissen vorzulegen und mitzuteilen.

In einem und demselben Jahre traten wir zuerst, jedweder besonders, mit sehr verschiedenen Büchern auf, welchen doch beiden deutliche Gunst widerfuhr. Ich suchte darzutun, daß, was man als Minnesang und Meistersang zu unterscheiden pflegte, gerade in einer ihnen gemeinsamen wesentlichen Form dasselbe sein müsse, ihre Abweichung nur als Herabsinken einer Kraft in Unkraft anzusehn sei, wie alte Gebräuche überall absterben und verkümmern, so daß doch immer noch bedeutende Ähnlichkeiten davon zurückbleiben. Die gewonnene Ansicht erkenne ich fortwährend als die richtige, und zu erster Entscheidung scheinen mir auch die damals beigebrachten Gründe ausgereicht zu haben; der Gegenstand trug alle Fähigkeit in sich, späterhin aus reicherem Material glänzender und ohne das, was die erste Behandlung überwucherte, entfaltet zu werden. Bedeutenderen Eindruck machte aber Wilhelms Übersetzung der dänischen Kämpeviser, wobei es auch schon an einleuchtenden Untersuchungen über die deutsche Heldensage nicht gebrach. Sicher ist nichts schwerer, als epische Lieder, deren naiver Ausdruck verschmolzen ist mit ihrem ganzen innern Gehalt, in eine andere, wenn schon verwandte Sprache zu übertragen. Strenggenommen scheint es fast unmöglich, ihre Ausdrucksweise bietet selbst einheimischen Kennern genug Dunkelheiten dar, wie sollte nicht ein Ausländer an vielen Stellen straucheln? Es war doch daran gelegen, einmal das volle Gefühl des Tons und der Weise, die in diesen Liedern anschlagen, zu empfangen; hat nicht Vossens Homer, soweit er im einzelnen hinter dem allzeit unerreichbaren Original zurückbleiben muß, dennoch dessen Geist und lebendigen Atem erfaßt und nachgebildet, dadurch die Einsicht epischer Poesie unter uns allen tiefer aufgetan? Ich entsinne mich, daß damals Niebuhr, dem die dänischen Dichtungen geläufig waren, die gelungne Färbung dieser Verdeutschung rühmte, und ganz vor kurzem erst ist mir ein Urteil kund geworden, das Hebel darüber gefällt hat und ich mich hier vorzutragen nicht enthalte, welche Freude würde es meinem Bruder bereitet haben, wenn die Worte dieses gefeierten, mit dem Volkston des Liedes vertrautesten Dichters jemals noch zu seinem Ohr gedrungen wären. »Wenn dir«, schreibt Hebel einem Freunde, »in der Poesie wie in der Natur frischer lebendiger Morgenhauch, gekühlt über den Wassern und in den Bergen und gewürzt im Tannenwald, besser behagt als die drückende Schwüle oder gar der

Anhauch aus einem Blasbalg, so lies Grimms altdänische Heldenlieder, Balladen und Märchen.« Wilhelms Buch hat, was verwundern könnte, keine zweite Auflage erfahren, die bald darauf gefolgte neue Ausgabe der Originale hätte zu zahlreichen Veränderungen und Verbesserungen führen müssen, und die unterdessen aufgestiegene Bekanntschaft mit unserm heimischen Epos erleichterte auch das Verständnis der dänischen sowie der oft noch schönern entsprechenden schwedischen Urtexte selbst, es bedurfte keiner wörtlichen, eben dadurch erschwerten Nachhilfe weiter.

Nichts natürlicher, als daß nach diesen Erstlingen wir nun auch eine Zeitlang uns zu neuen Hervorbringungen einigten. Sogar hatten wir die Kühnheit, für das damals noch in den ersten Stoppeln liegende Feld und ein der allgemeinen Teilnahme fernabstehendes Fach eine Zeitschrift zu beginnen, die es nur zu drei schwachen Bänden brachte und, nachdem sie mit manchen Übelständen gerungen hatte, heute wenig oder nichts von bleibendem Werte darbietet; wer an uns selbst und unsern Fortschritten näheren Teil nimmt, mag etwa einzelnen Aufsätzen schon den spitzenden Keim dessen ansehn, was in der Folge besser hervortrat und höher wachsen konnte. Er wird mitten darunter einigen fast noch rohen oder wilden grammatischen Ansichten begegnen, die ich hernach zu erziehen oder zu zähmen mich befliß, ohne daß ich sie zu verleugnen brauche. Klar vor Augen liegen in dieser Zeitschrift die Grundrisse einer ihm später überaus gelungenen Arbeit meines Bruders, ich meine sein Buch über die deutsche Heldensage und stehe gar nicht an, es als das Hauptwerk seines Lebens zu bezeichnen. Es ist darin so vieles genau und fein angesponnen und gewoben, daß, wenn auch manche Fäden anders aufgezogen und eingeschlagen sein könnten, doch fast überall Wohlgefallen und Befriedigung aus dieser Arbeit entspringen. Ihm war unvergönnt, eine neue, dritte Umarbeitung, zu welcher er unablässig nachsammelte, fertig zu hinterlassen, und andere Hände dürfen sich kaum darein mischen. Kurz vor den »Altdeutschen Wäldern«[*] war auch eine gemeinschaftliche Ausgabe des »Hildebrandliedes« erschienen, die erste überhaupt als Lied auffassende, was vorher nur als Prosa galt, nachdem ich im Jahr 1810 die leichte Entdeckung der darin wie im »Wessobrunner Gebet« verborgnen Alliterationen gemacht hatte. Dies Lied lag eben auf dem Weg zu einer bald erfolgenden Ausgabe der »Edda«, von welcher es, aus mehr als einem

* Das ist die erwähnte Zeitschrift, die es 1813–16 auf drei Bände brachte.

64

Grunde, beim ersten Bande geblieben ist. Offenbar hatten wir zu hoch gegriffen und uns zugetraut, daß die Wahrnehmung und Entfaltung überraschender Bezüge, die das Nordische mit unserm Altertum hat, Schritt halten könne mit Besiegung zahlloser Schwierigkeiten, die der alte Text herbeiführt und wozu es langer, über Rasks isländische Grammatik hinausreichender Bekanntschaft mit den Geheimnissen der altnordischen Sprache bedurfte. Gleichwohl gereichte die mutig angesetzte Arbeit selbst, mir wenigstens, zur Festigung meiner Studien in diesem wichtigen Teil unserer Sprachkunde.

Mit größerem Behagen schaue ich zurück auf die begonnene, seitdem nicht wieder ausgesetzte Sammlung deutscher Märchen und Sagen, die ich nachher noch zu besprechen mir erlaube.

Nach diesen gemeinschaftlichen, mit aller Lust gepflognen Arbeiten trat aber eine Wendung ein, die nun wieder getrennte und voneinander abweichende Schritte forderte. Daß jeder seine Eigentümlichkeit wahren und walten lassen sollte, hatte sich immer von selbst verstanden, wir glaubten, solche Besonderheiten würden sich zusammenfügen und ein Ganzes bilden können. Schon beim »Hildebrandlied«, noch mehr bei der »Edda« lernte ich einsehen, daß unserm besten

Willen und Wissen dabei auch erhebliche Schwierigkeiten entgegentraten. Offen, wie ich war, und geneigt, Meinungen aufzustecken oder zu bestreiten, schien es mir, daß vor dem Publikum eine Ansicht, von wem auch sie ausgegangen, überwiegen oder weichen müsse, er aber gerechter und schonender gesinnt, nicht ohne stärkeres Selbstgefühl auf dem Behaupteten beharrend, wollte lieber, daß nebeneinander und dem Leser zur Wahl hingestellt würde, was zwischen den Herausgebern unvermittelt bliebe. Als nun im Fortgang unserer Studien ich zu rechter Zeit den guten Griff einer deutschen Grammatik getan hatte, die damals gleich einer Notwendigkeit in dem ganzen Fach erschien, von welcher alle Gunst ausging oder abhing, die mir, also auch ihm fernerhin zuteil wurde, war ich auf einmal gegen ihn in Vorteil gestellt, und ein Abstand unserer Naturen, worüber wir allmählich erst uns klar geworden sind, fing an, sich geltender zu machen. Von Kindesbeinen an hatte ich etwas von eisernem Fleiße in mir, den ihm schon seine geschwächte Gesundheit verbot, seine Arbeiten waren durchschlungen von Silberblicken, die mir nicht zustanden. Seine ganze Art war weniger gestellt auf Erfinden als auf ruhiges, sicheres In-sich-Ausbilden. Alles, soviel in den Gang seiner eignen Forschungen

66

einschlug, beobachtete er reinlich und strebte es zu bestätigen; das Übrige blieb ihm zur Seite. Funde sind jedoch bedingt dadurch, daß nahe und fern gesucht werde, häufig ohne Vorherbestimmung der Stelle, wo sie zu heben stehen, ein ganzer Stoff will gleichsam als neutral bewältigt sein, aus dem dann die Ergebnisse tauchen. Kühnen und Wagenden steht ungesehen das Glück bei, plötzlich ist etwas geraten; Wilhelm mochte nicht auf Geratewohl ausgehen. Ich weiß, den Ulfilas, Otfried, Notker und andere Hauptquellen vom ersten bis zum letzten Buchstaben genau zu lesen hat er nie unternommen noch vollführt, wie ich es oft tat und immer wieder tue, niemals ohne zu entdecken. Ihm genügte, Stellen aufzuschlagen, die er im besondern Fall zu vergleichen hatte. An der grammatischen Regel lag ihm jedesmal nur so weit, als sie in seine vorhabende Untersuchung zu gehören schien, und dann suchte er sie festzuhalten. Wie hätte er darauf ausgehen wollen, die Regeln selbst zu finden, zu überbieten und zu erhöhen? Ihm gewährte Freude und Beruhigung, sich in der Arbeit gehen, umschauend von ihr erheitern zu lassen, meine Freude und Heiterkeit bestand eben in der Arbeit selbst. Wie manchen Abend bis in die späte Nacht habe ich in seliger Einsamkeit über den Büchern zugebracht, die ihm in froher

Gesellschaft, wo ihn jedermann gern sah und seiner anmutigen Erzählungsgabe lauschte, vergingen; auch Musik zu hören machte ihm große, mir nur eingeschränkte Lust.

In solcher gemächlichen Ausführung seiner Vorhaben, wie anhaltende gleichmäßige Schritte dennoch weit reichen, ist von ihm Rühmenswertes begonnen und vollendet worden. Er las sich Texte aus in Handschriften, die ihm in aller Nähe vorlagen und die er durch genommene Abzeichnung oder Faksimile schon liebgewonnen hatte, um durch sorgsame Behandlung ihre Herausgabe vorzubereiten. Er pflegte und besserte mit redlicher Einsicht, so genau er nur vermochte. Ging auch seinen Emendationen das Glänzende und Schlagende der von Lachmann ab, das Gefüge, Geschmeidige der von Haupt, so empfahlen sich doch seine Ausgaben einzelner Gedichte sämtlich durch die vorhin gerühmten Eigenschaften. Ich bewundere seine schöne Ergänzung des »Grafen Rudolf«, wie sie der zierlich eingerichtete Druck anschaulichst vor Augen legt. Konrads von Würzburg, eines in vielem mit Ovid vergleichbaren Dichters, Darstellung und Sprache beschäftigten ihn lange, wie seine Ausgabe des »Schwanritters«, der »Schmiede« und »Silvesters« bezeugen; kein anderes Gedicht hatte er öfter und aufmerksamer gelesen als den »Trojanischen Krieg«, dessen vollständige Bekanntmachung er noch erlebte. Mit dem »Rolandslied« und allen Gestaltungen des »Rosengarten«, so viel er ihrer habhaft werden konnte, war er höchst vertraut, und ein neugewonnenes Bruchstück des letzteren sollte eben noch mitgeteilt werden, als ihn der Tod überraschte. Unter allen Gedichten am meisten jedoch war es Freidank, den er nach vielen Handschriften bearbeitete und dessen zweite fertig gearbeitete Ausgabe sich jetzt unter der Presse befindet. Hätte er doch auch die dafür unternommene Vergleichung deutscher Sprichwörter zum Abschluß bringen können, manches in den Anmerkungen Mitgeteilte macht das Verlangen rege. Außerdem zeugen noch einzelne im Schoße unsrer Akademie vorgetragene Abhandlungen über »Athis«, althochdeutsche Glossen und Gespräche seine stets in diesem Fach bewährte Tätigkeit. Was am wenigsten bekannt ist, überaus wertvolle und langatmige Sammlungen zur mittelhochdeutschen Sprache, aus welchen ich mich oft Rats bei ihm erholte, sind mit feiner Feder in Exemplare des Ziemannischen Wörterbuches eingetragen, schon vor Beginn des von Benecke angefangenen Werks und davon unabhängig, obgleich teilweise dadurch überflüssig gemacht. Dabei hatte er aller Handgriffe, die für

Ausgaben alter Dichtwerke befolgt und geläufig werden müssen, sich bemächtigt, namentlich alle metrischen Regeln, die um diese Zeit erhoben und auf die Spitze gebracht wurden, üben und beachten gelernt, angelegentlicher als solche grammatikale Gesetze, die auf Textbestimmung noch keinen Einfluß gewonnen hatten. Hierin schloß er sich zunächst an Lachmann an, der eigentlich auch nicht grammatisch gestimmt, aber metrisch gerüstet und bewehrt bis an die Zähne war und seiner scharfsinnigen Lehre alsobald gelungene Anwendungen folgen ließ. Nicht zu geschweigen ist endlich einer schon der früheren Zeit heimfallenden bedeutsamen Schrift Wilhelms über deutsche Runen, wozu ihm ganz zufällig die Ausgrabung eines sehr zweifelhafte Schriftzüge enthaltenden Steins in Hessen veranlaßt hatte. Mit sichtbarem Erfolg dringt er in den Ursprung und die Verbreitung der Runen überhaupt ein und erläutert die auf vielen Tafeln mitgeteilten Zeichen in befriedigender Zusammenstellung zumal der gotischen, angelsächsischen, altnordischen und, wie sie heißen, markomannischen. Doch gebricht eine weiterreichende Vergleichung und Erwägung slawischer, griechischer oder phönizischer Alphabete, welche er auch später nachzuholen keine Aufforderung in sich selbst fand, weshalb reichlich nachgesammelte angelsächsische und nordische Runen unverarbeitet liegen geblieben sind.

In diesem allen oder doch dem meisten stehen sich Vorneigung und Talent bei ihm und mir einander gegenüber, und ich werde nicht selten im Nachteil erscheinen, meine Eigenheit ist eine andere. Herauszugeben liegt mir bloß dann nah, wenn etwas Seltnes und Wichtiges in meine Hand fällt oder ein Text in unmittelbarem Bezug auf eine Hauptuntersuchung liegt. Kritische Ausgaben zu bereiten macht mir, ich gestehe es, eben kein Vergnügen, ich bin froh, daß es andere tun, und nutze ihre Leistungen. Es ist wahr, Wolframs »Wilhelm« hat man erst recht gelesen, seit er von Lachmann geheilt und aufgestellt worden war, und ich verkenne nicht die von ihm und seiner Schule auch vielen andern Gedichten geleisteten Dienste, wiewohl mir vorkommt, daß auch die metrische Wissenschaft ebenso leicht Gefahr läuft, in das Unsichere zu schweifen, als man es halsbrechenden etymologischen Künsten vorzuwerfen pflegt. Mein Spruch lautet »besser gelernt als gelehrt«, und ich fühle es, daß meiner »Grammatik« das praktische lehrhafte Element entgeht, räume aber ein, Ausgaben zu machen, zu wiederholen und zu bessern sei ein viel näheres Bedürfnis als das, die Wörter und Formen zu erschließen.

Sollte nicht, was sich hier beispielsweise an einem Brüderpaar erzeigt, höhere Anwendung auf den Betrieb der Wissenschaften insgemein leiden? Kommt in ihrem großen Gebiet derselbe Unterschied zweier Richtungen, deren jede für sich Reiz und Glanz hat, zum Vorschein? Denn zuerst entsprossen sind alle Wissenschaften aus einem Bedarf, der nach seiner Stillung und Befriedigung immer weiter führende Verlangen erzeugte. Die Medizin, wie schon ihr Name gibt, ging hervor aus der unmittelbaren Notwendigkeit zu heilen und darum die Kräfte der Pflanzen und Steine zu erkunden, die Chirurgie aus einer Notwendigkeit, Hand zu legen an den Verband der Wunden und Knochenbrüche. Es hatte unendlichen Wert, solcher Heilkräfte zu gewahren und im Besitz solcher Geschicklichkeit des Verbindens sich zu befinden. Aus jener Kräuterkunde ist allmählich Botanik, aus jener Beschäftigung mit Erde und Gestein Chemie und Geognosie entsprungen, aus der Einsicht in alle inneren Teile des Leibs und in den Knochenbau die vergleichende Anatomie*, von welcher die Ärzte und Wundärzte noch

---

* *Anm. von Herman Grimm:* »die vergleichende Anatomie« fehlt im Manuskript, das eine, wie ich selbst weiß und wie der Charakter der Handschrift überdies lehrt, rasch angefertigte Abschrift ist, ich habe die Worte ergänzt, wie sie der Sinn zu fordern scheint.

nicht die Ahnung hatten. Diese Wissenschaften sind also über ihre anfängliche, wenn auch fortwährend unerläßliche Anwendung hinausgeschritten in ein endloses, kein nahes Ziel, sondern das fernste in die Augen fassendes Bestreben. Wir erlernen eine benachbarte Sprache oder eine erloschene der Vorzeit, um sie dergestalt zu verstehen und zu üben, daß wir uns in ihrem Umfang frei zu bewegen und alles was darin verfaßt wurde zu erkennen vermögen, eine Menge Regeln sind zu diesen Zwecken aufgestellt, geprüft, geläutert und beobachtet worden. Sie leiten getrost zur Lehre, aber auch zur Heilung und Berichtigung der durch Länge der Zeit entstellten, von Zusatz oder Auslassung verderbten schriftlichen Denkmäler. Abgewandt den Blick von so weitgreifenden, dennoch, wenn man den Ausdruck dulden will, wieder engeren Zwecken, offenbart sich eine gewisse Unzulänglichkeit der bisherigen Anstalten für eine neu vordringende, auf kaum geebneten Pfaden rüstig aufstrebende Forschung. Auch das Wiederaufrichten unserer alten deutschen und die bessere Ergründung selbst unserer heutigen Sprache wird von Gewicht für die notwendig gewordene Aufnahme aller und jeder bisher vernachlässigten europäischen Zungen in den Kreis vielfacher Studien, wofür die sanskritischen Sprachen den entscheidendsten Ausschlag gegeben haben. Eine vergleichende Grammatik ist geschaffen und erblüht, deren Ergebnisse sich auch, wie nicht ausbleiben kann, rückwärts zu den klassischen Sprachen wenden. Die klassische Philologie, ihrer festgegründeten Herrschaft und ihres heilbringenden Einflusses sich bewußt, wird, ohne das geringste aufzugeben, freudig anerkennen, daß sich neue Schichten des Wissens gebildet haben, deren unabhängige Erfolge nicht zu hindern sind; wie sollte dem Arzte der Chemiker oder Botaniker ein Dorn im Auge sein? Ich bin fern davon, meine in so großartigen Bestrebungen der heutigen Sprachforschung klein erscheinenden Studien irgend hervortreten zu lassen, ich wollte bloß in bezug auf meinen Bruder ihre Richtung bezeichnen. Wilhelm hatte wenig Geschick, fremde Sprachen zu erlernen, ich glaube, er wäre ein sehr guter Arzt geworden, ich ein schlechter, zur Not ein leidlicher Botaniker.

Bisher sprach ich von den Unterschieden zwischen uns Brüdern, was ich hinzuzufügen habe sind lauter Einklänge.

Wir haben noch zuletzt gegen unseres Lebens Neige ein Werk von unermeßlichem Umfang auf die Schultern genommen, besser, daß es früher geschehen wäre, doch waren lange Vorbereitungen und Zurüstungen unvermeidlich; nun hängt dieses Deutsche Wörterbuch über mir allein. Ein doppeltes Ziel schwebte uns vor. Die heutige Spracherklärung hatte, wo nicht aller, doch der meisten Vorteile teilhaftig zu werden, die aus erhöhter Forschung hervorgegangen sind. Dann aber sollten reiche Anführungen alle einzelnen Wörter beleben und bestätigen; es kam darauf an, selbst gleiche oder ganz ähnliche Beispiele zu häufen, weil sie die Gangbarkeit des Ausdrucks, die sparsam beigebrachten dessen Seltenheit bezeugen mußten. Dann aber unterließen wir jede Beschränkung auf den heutigen Sprachstand und trugen auch die Wörter der vergangnen, uns zunächst stehenden Jahrhunderte ein. Der heutigen Sprache ist fast jeder mächtig, ohne daß er viel nachschlage, seitdem aber angefangen ist, die Schriften der vier letzten Jahrhunderte zu sammeln und neu herauszugeben, wie hätte ein dafür notwendiges Hilfsmittel gebrechen dürfen? Alle Leser werden die schöne Ausführlichkeit loben, die mein Bruder den einzelnen Wortbedeutungen gab, und gern die oft ungleiche Behandlung der Ableitungen oder Wurzeln dulden, ohne daß hiermit ein Tadel des einen oder des andern Verfahrens ausgesprochen sein soll. Mag seit des treuen Mitarbeiters Abgang die Aussicht auf Vollendung des Werks durch dessen Urheber selbst noch zweifelhafter geworden sein, als sie menschlichen Voraussetzungen nach gleich anfangs war, so tröstet mich die begründete Hoffnung, daß je mehr mir noch selbst auszuarbeiten gelingt, die ganze Einrichtung, Art und Weise des Unternehmens fest ermittelt sein und auch bewährten Nachfolgern erreichbar bleiben werde. Wohl ist die aufgewandte Mühe anstrengend, doch macht die Aufeinanderfolge der verschiedensten Wörter, daß im steten Wechsel der Gesichtspunkt erfrischt erscheint.

Tragen wir *einen* Dank davon für alle Mühe und Sorge, der uns selbst zu überdauern vermag, so ist es der für die Sammlung der Märchen, die nicht nur eine unverwüstliche Nahrung für die Jugend und jeden unbefangenen Leser darbieten, sondern auch, wie die durchdringende Einsicht gelehrt hat, einen großen und der Forschung unentbehrlichen Schatz des Altertums in sich bewahren. Dieser Wünschelrutenzweig fiel uns glücklich in die Hand, und seit wir damit in den Boden geschlagen haben, ist allerorten ein reicher Hort der Sage und Überlieferung an Tag gekommen. Umliegende Völker haben sich beeifert zu sammeln, am ergiebigsten ist der Grund gewesen bei solchen, die für roh und ungebildet gelten, denen man alle Literatur abstritt. Gerade weil ihnen unsere Bildung und Verbildung mangelt, dauern ihnen, gleichsam zum Ersatz von uralter Zeit bis auf heute und in unverkümmerter und naturgemäßer Darstellung diese ewig jungen Märchen fort. Sie sind alle nichts Erdachtes, Erfundenes, sondern des ältesten Volksglaubens ein Niederschlag und unversiegende Quelle der eigentlichen lautersten Mythen. Was ist Mythologie? Nach verjährter Ansicht versteht man darunter nichts als griechischen Götterglauben, immer und ewig nichts als den Glauben der Griechen, wie ihn zahllose Bildwerke griechischer Kunst verherrlichen und veranschaulichen, höchstens daß von außen sich auch noch römische Mythen, am Gipfel ägyptische oder orientalische anfügen, überall bildet Griechentum die Mittelpunkte der Forschung, gleich als ob auch griechische Poesie, deren hohe Schönheit wir alle anerkennen, das Dasein anderer Sprachen tilge und aufhebe. Der Fülle unschuldiger, barbarischer Sage, wenn sie erst einmal vollauf wird gekannt sein, bleibt es vorbehalten, ein anderes, weites Feld daneben zu eröffnen. Nicht sollen die griechischen Götter gestürzt werden zum andernmal, sondern fortwohnen in ihren heiteren Hallen, nur muß die Ansicht weichen, als sei erst von Griechenland aus oder vom Morgenland her Glaube und Wissen unter alle Völker gedrungen. Der Vorbereitungswege können gar manche gedacht werden, und erst neulich ist mit vollem Fug auf einen buddhistischen Einfluß gewiesen worden; Zusammenhänge mit Spuren der Naht sind an mehr als einer Stelle sichtbar – ich halte fest an einsichtbarem Vollgeheimnis –, die für Sprache wie Sage müssen stattgefunden haben, und der Hauptgründe einen lehren mich meine Forschungen über die Tierfabel, die wir unter Litauern, Esten, Finnen, Lappen und allen tiefen Slawen so reich entfaltet sehn, daß an Entlehnung aus dem unter diesem Gesichtspunkt magern Äsop ferner gar nicht zu denken ist, so weit er sich verbreitet haben könne. Statt daß die Missionare früherhin immer die Heilige Schrift zur Grundlage wählten, um für die Sprache der Heiden Sammlungen zu veranstalten, wird, wie schon Beispiele dartun, Erzählung von Märchen ein natürliches, lebhaftes Element darreichen, um sich anschaulicher an die Eigenheit aller Volksmundarten zu schmiegen, und damit geschieht durch die Sagensammlung der Aufnahme des Sprachstoffs ein unberechenbarer Vorschub.

Auch mein Bruder hat aus der Tiersage großes Vergnügen geschöpft und einzelne, noch aus späterem Meistergesang gewonnene Stücke mit aller Umsicht erklärt. Von allen unsern Büchern lag ihm die Märchensammlung zunächst am Herzen, und er verlor sie nicht aus den Augen. Nachdem wir die beiden ersten Auflagen mit gleichem Eifer gehegt und besorgt hatten, mußte ich, seit mich die Grammatik immer dichter umstrickte, die Ausstattung der Märchen großenteils ihm überlassen, und anziehende Abhandlungen über sie von seiner Hand wurden später angefügt. Sie sind mit sanfter Feder abgefaßt und halten sich scheu zurück vor den ihm noch unverlässigen Ansichten, die ich im »Reinhart« und in der Mythologie ausgesprochen hatte und die ich, wenn mir das Leben fristet, in einer Schrift über Märchen und Tierfabel nochmals aufzunehmen beabsichtige. So oft aber ich nunmehr das Märchenbuch zur Hand nehme, rührt und bewegt es mich, denn auf allen Blättern steht vor mir sein Bild, und ich erkenne seine waltende Spur.

Nachbemerkungen von Herman Grimm

Gehalten wurde diese Rede in der Akademie der Wissenschaften am 5. Juli 1860. Wie fast immer, wenn er öffentlich zu sprechen hatte, begann Jacob Grimm mit etwas heiserer, oft unterbrochener Stimme, bis er allmählich in Fluß kam. Er war der letzte, der in jener Sitzung sprach, und die Zeit vorgerückt, als er begann. Viele werden sich seines Anblicks noch erinnern, wie er die beschriebenen Blätter gegen das Fenster gewandt hielt, um besseres Licht zu erhaschen, und wie der Schein der Dämmrung auf sein weißes Haar fiel.

Wilhelms Krankheit und Tod kamen unerwartet. Er war im Herbst 1859 von einer kleinen Reise auffallend frisch und rüstig zurückgekehrt. Der Anfang seines Leidens erschien als etwas unbedeutendes. Ganz plötzlich trat die Gefahr ein, ein Karbunkel entwickelte sich auf dem Rücken, der nicht weichen wollte. Zuletzt glaubten wir dennoch, das Übel sei überwunden. »Gottlob«, sagte mein Vater, in seinem Bett sitzend, »ich hatte wirklich gedacht, die Sache nähme ein schlimmes Ende, und ich habe noch soviel zu tun«. Dann ließ er sich ein Paket Papiere geben, das die neue Ausgabe des Freidank enthielt, deren Druck gerade beginnen sollte, auch eine neue Auflage der Märchen wurde in jenen Tagen fertig und die zum Verschenken bestimmten Exemplare von ihm ausgeteilt. Daß er aber noch ehe die Krankheit eintrat ein Gefühl gehabt, er werde den Winter vielleicht nicht überleben, zeigten später aufgefundne Anordnungen für den Druck dieser Freidank-Ausgabe, nach denen dann auch verfahren worden ist.

In einer Nacht war alles entschieden, heftiges Fieber trat ein, am Morgen des 16. Dezember starb er. Er war nicht bei klarer Besinnung. Jacob, der neben seinem Kopfkissen auf einem niedrigen Sessel saß und fast seine Atemzüge zählte, erkannte er, hielt seinen Anblick aber für ein Bild und sagte, wie ähnlich es sei. Er sprach viel zuletzt, und hier trat das Seltsame ein, daß dicht vor seinem Tode die wirren Gedanken durch ein plötzlich eintretendes geheimwirkendes Gesetz geordnet klaren Inhalt erhielten. In wohlgefügten, ruhig entwickelten Sätzen sprach er über sich, was er gewollt und getan, ging von dem Vergangnen auf die Gegenwart über, beurteilte die politische Lage der Dinge in der ihm immer eignen beruhigenden, hoffnungsreichen Anschauung und schloß so einfach und natürlich ab, daß, hätte man nicht den im heftigsten Fieber Liegenden vor Augen gehabt und empfunden, wie der Tod eben zugreifen wollte, ein solches Auseinanderlegen der Gedanken auf den Besitz gesund arbeitender Geisteskräfte hätte schließen lassen.

Die Zeitungen brachten romantisch klingende Berichte über den Zustand Jacobs nach dem Tode seines Bruders. Verzweifelnd sollte er in den verlassenen Stuben umherirren und nach ihm suchen. Nichts davon ist wahr. Er nahm das Ereignis ganz ruhig auf, obgleich er es am wenigsten erwartet hatte. Als ich ihn gegen Morgen der letzten Nacht weckte, trat ich in seine dunkle Schlafstube und hörte ihn ruhig atmen. »Ach Gott«, sagte er dann, »ich dachte, es würde nun alles gut gehen«. Nachdem der Vater gestorben war, ging er oft in dessen Arbeitsstube, wo er lag, und betrachtete ihn genau. Beim Begräbnis schritt er zwischen meinem Bruder und mir die sanfte Anhöhe des Kirchhofes im scharfen Winde über den knisternden Schnee kräftig hinan. Auch das wird denen unvergessen bleiben, die damals am Grabe standen, wie er zuletzt mit seinen feinen Fingern nach einer Scholle suchte, um sie in die Grube zu werfen. In seinem Wesen war keine Veränderung zu gewahren. Er nahm die gewohnten Arbeiten sogleich wieder auf und hat sie bis zu seinem Ende in der alten Weise fortgeführt.

Diese Ruhe bei einem so schweren Verlust, die es ihm auch möglich machte, öffentlich darüber zu reden, entsprang sicherlich dem Gefühl, daß die Trennung doch nur eine Handvoll Jahre dauern werde. Wie leidenschaftlich ihn in früheren Zeiten der Gedanke bewegte, Wilhelm könne vor ihm sterben, lese ich in einem Brief an Lachmann, mit dem er von 1820 bis 1840 ununterbrochen Briefe gewechselt hat, und zwar schüttete er keinem andern so sein Herz aus. Auch mein Vater stand in Korrespondenz mit Lachmann, alle diese Blätter samt dessen Antworten liegen mir vor, nur aus denen Jacobs aber spricht dieser Ton rückhaltsloser Hingebung, der durch den Abstich um so ergreifender klingt.

»Wie lange schon, lieber Lachmann«, schreibt er am 21. Februar 1831 von Göttingen, »habe ich nach einem freien Tag oder doch einer recht ruhigen Stunde gestrebt, um auf Ihren tröstlichen Brief schon vom 28. Dez. zu antworten und was uns widerfahren zu berichten. An dem Tag, wo der hiesige, in allem Betracht widerwärtige Aufruhr zu Ende ging, legte sich Wilhelm, der sich wahrscheinlich auf der letzten Nachtwache in der bedrohten Bibliothek stark erkältet hatte, nieder. Die ersten Tage flößten noch keine Besorgnis ein, wir hielten es für das von Zeit zu Zeit bei ihm einkehrende Katarrhalfieber; allein mit einmal erfolgte Husten und Blutauswurf, ein gefährliches Zeichen der Lungenentzündung, sein Leben schwebte in augenscheinlicher Gefahr. Der Himmel erhörte aber unser Flehen und ließ Besserung eintreten, seitdem hat er sich stufenweise, doch sehr langsam erholt und ist jetzt noch nicht wieder zu seinen Kräften gelangt. Mit welcher Herzensangst ich an jenen schweren Tagen an seinem Tische, an seinen Sachen gesessen habe, wie mich alles rührte, was ich ansah, seine Bücher, seine Schrift, die Ordnung und Reinlichkeit, worin alles war, und der Gedanke, daß alles das mit einem einzigen Schritt verloren sein könnte und mein eignes Leben in beständiger Trauer und Sehnsucht nach ihm verfließen müßte; das kann ich nicht beschreiben. Ich kann nur sagen, daß ich Gott heiß gebeten habe und ihm heiß gedankt für seine an uns erwiesene Gnade. Nach solchen Tagen atmet man, wie nach einem schweren Wetter, wieder frisch gestärkt und mutig auf und ist auch bereit, anderes Unglück, das einem doch nicht so nah an das eigne Dasein greift, mutig zu tragen.« – Was er hier sagt, wird teilweise in der Vorrede zu einem neuen, damals der Vollendung entgegenschreitenden

Teile der Grammatik wiederholt, der Wilhelm zugeeignet ist. Er spricht darin aus, wie er alle seine Bücher eigentlich nur für ihn geschrieben zu haben glaube, da kein anderer sie so rein aufnehme. Die Zueignungen ihrer Bücher enthalten für beide eine Geschichte ihrer Verbindungen: Fast kein einziger von den Freunden ist übergangen worden.

Ihr Leben bis zu der Epoche, wo sie von Kassel nach Göttingen zogen, haben Jacob und Wilhelm in Biographien erzählt, die für Justis Hessisches Gelehrtenlexikon verfaßt worden sind.* Manches blieb unerwähnt darin, allein weder dies noch der Inhalt der folgenden Zeit kann jetzt erschöpfend besprochen werden, da das Material noch allzu unvollständig ist. Was ich hier zu geben versuche, ist nur ein Überblick ihrer letzten Jahre, als Einleitung zu Jacobs Rede über das Alter, dessen Lob er gewiß nicht so schön geschrieben haben würde, wären es nicht die eignen Erfahrungen gewesen, die er aussprach.

---

* Jacob Grimm: »Selbstbiographie«, in: K.W. Justi: »Grundlage zu einer hessischen Gelehrten-, Schriftsteller- und Künstlergeschichte von 1806 bis 1830«, Bd. 19, Marburg 1831, S. 148–164; Wilhelm Grimm: »Selbstbiographie«, ebd., S. 164–183. Jeweils in Bd. 1 der »Kleineren Schriften« von Jacob Grimm (1864) und von Wilhelm Grimm (1881) wurden die Selbstbiographien wiederabgedruckt.

Jacob nannte die in Kassel verlebten ersten Jahre die glücklichsten seines Lebens. Die in Göttingen gebotene Stellung war in jeder Beziehung eine ehrenvolle Genugtuung für das, was ihnen ein längeres Bleiben in der Heimat unmöglich gemacht hatte; vermissen dagegen mußten sie die freie Arbeitszeit, die ihnen dort in reicherem Maße zustatten kam. Gegen drei Arbeitsstunden auf der Kasseler Bibliothek, von denen die meisten obendrein ihnen selbst gehörten, trat in Göttingen das doppelte ein. Es wurde ihnen schwer, sich einzugewöhnen, die Briefe an Lachmann sprechen dies oft aus, und so kam es, daß, nachdem sie durch bekannte Ereignisse* von Göttingen fortgetrieben, an die alte Stätte zurückgekehrt waren, das völlig ungestörte, ganz den Arbeiten gewidmete Leben, bei all dem Traurigen, wodurch es herbeigeführt war und das es mit sich brachte, im Grunde wohltat. Was am schmerzlichsten dabei hervortrat, war, daß sie von nun an bei ihren alten Freunden zwischen denen, die auf

---

* Die Amtsenthebung von Jacob und Wilhelm Grimm und fünf weiterer Professoren der Universität Göttingen, der »Göttinger Sieben«, durch König Ernst August I. von Hannover im Jahr 1837, nachdem jene gegen dessen Aufhebung des Staatsgrundgesetzes, also der Landesverfassung protestiert hatten. Neben den Historikern Friedrich Christoph Dahlmann und Georg Gottfried Gervinus mußte auch Jacob Grimm das Land verlassen.

ihre Seite traten, und den andern, die sich offen oder versteckt von ihnen loslösten, eine Scheidung eintreten lassen mußten. Manche verloren sie in dieser Zeit, andere dagegen traten frisch ein, und es datieren von da an die Verhältnisse, an denen zumeist bis in die letzten Tage festgehalten ward; die enge Verbindung mit Dahlmann und Gervinus, obgleich längst bestehend, nahm jetzt erst die Form an, die von da an unverbrüchlich bestehen blieb. Aus dieser Zeit, schon nachdem der erste Eindruck überwunden war und die Brüder, die nicht gleichzeitig Göttingen verließen, sich wieder vereinigt und fest eingerichtet hatten, lasse ich Teile eines Briefes an Lachmann eintreten.

»Kassel 12. Mai 1840

Die Sonne, die seit drei Wochen unablässig geleuchtet und den schönsten Frühling, dessen mir in meinem Leben gedenkt, hervorgebracht hatte, ist seit vorgestern wieder hinter den Wolken, und alsobald kehrt die Kühle schon zurück. Doch Ihr Brief tut mir wie Sonnenwärme, und ich bin froh, daß Sie uns noch gut sind, in meinem Herzen ist die alte Liebe und Freundschaft. Es hatten mich zwar ein paar Dinge geschmerzt oder verdrossen, aber es waren keine Hauptsachen; am

wehsten tat mir ein manchmal aufsteigendes Gefühl, als
wollten Sie sich mehr von uns zurückziehen und näh-
men nicht den vorigen Anteil an unsern Begebnissen
und Arbeiten. Es ist ja natürlich, daß wir jetzt verletz-
licher sind und von zarterer Haut. Wären Sie vorigen
Herbst länger verweilt und allein gekommen, ohne
einen Reisegefährten, so hätte sich vermutlich schon
damals alles aufgeklärt. Über unsre Sache habe ich
Ihnen wahrlich nie etwas vorzuwerfen gehabt, Ihre
Urteile waren allzeit offen ehrlich heraus und enthiel-
ten so viel Einstimmiges in dem, was mir dabei wesentlich erscheint, daß mir daran genügt; daß Sie alles auf
einmal gutheißen könnten, war weder nötig noch zu
erwarten. Aber Zurückhaltung und neben gewiß herz-
lich gemeinter Teilnahme, Ablehnung jedes eigentlichen Urteils, wie ich sie von — erfahren, verletzte
mich; er äußerte sich immer nicht anders, als gingen
ihm zur Einsicht in die Begebenheit die nötigen Data
ab, während doch über diese Begebenheit vor aller
Welt so zureichende, zweifellose Data liegen, daß ich
nicht begreife, wie jemand seinen Ausspruch über sie
verhängen und bergen will und noch irgend eine
andere historische Wahrheit beurteilen mag. Unsern
Schritt habe ich noch keinen Augenblick bereut, und
wenn ich an Göttingen denke, preise ich Gott, daß

er mich von da, wo es jetzt unausstehlich ist, weg-gebracht hat. Ich bestehe noch immer gut die Probe, wenn ich mich frage, was wohl ein Grieche oder Römer in unserer Lage getan haben würde oder nicht? Die Handlung ist mir zur Zeit des Ereignisses viel un-bedeutender vorgekommen, aber natürlich und recht, ich glaube auch, daß den Menschen und ganzen Völ-kern nichts anders frommt, als gerecht und tapfer zu sein; das ist das Fundament der wahren Politik. Ob eine Frucht oder welche Frucht daraus hervorkom-men soll, das liegt in Gottes lenkender Hand, es gibt auch Bäume, die nach Kräften aufwachsen ohne alle Frucht und nur in dem Laub grünen und schatten. Dem Gedanken kann ich aber auch nicht wehren, und er macht mich desto demütiger, daß wir vielleicht einen Funken hergegeben haben, ohne den sich ein Feuer des Widerstandes nicht angefacht hatte, das für unser ganzes Vaterland ein Segen wird. Denn die Zukunft unseres Volkes beruht auf einem Gemeinge-fühl unsrer Ehre und Freiheit –

– Der Welt bin ich nicht feind und hänge heiß an allem Vaterländischen. Doch ich fühle, nach der Göt-tinger Periode wieder in die hiesige Kasseler Zurück-gezogenheit versetzt, eigentlich mich behaglicher, und hätten wir Protestanten die Sitte des klösterlichen Lebens ohne andern Mönchsdienst, so brächte ich darin gern vor dem Andrang der Leute meine übrigen Tage, die sich leicht umspannen lassen, geborgen zu. Es ist so meine Natur, daß ich aus Umgang und Lehre immer weniger gelernt habe als durch mich selbst. Den Gesellschaften abgeneigter hat mich auch das gemacht, daß fast alle Gespräche auf unsre öffentliche Angelegenheiten mit unendlichen Wiederholungen führen, was mir fast das peinlichste an der Sache ist. Wie taugte ich nun gar in das Geräusch von Berlin? – – Ich vermöchte dort weder für mich noch für andre etwas auszurichten, das nicht an jedem andern Ort erfreulicher vor sich ginge. Der Himmel helfe und verleihe, daß Preußen einmal das übrige Deutschland belebe und anfeuere, nicht hemme.« Kurze Zeit, nachdem diese Zeilen geschrieben worden waren, erfolgte die Berufung nach Berlin und ward angenommen.

Weder Jacob noch Wilhelm erwähnen in ihren Lebensbeschreibungen den Ruf, den sie im Jahre 1817 an die neu errichtete Universität in Bonn erhielten. Unter Jacobs Papieren fand ich das an Savigny gerichtete Schreiben, in welchem ihre ablehnende Antwort begründet wird. Freilich war ihr Gehalt in Kassel ein sehr geringes und wenig Aussicht, daß es sich je über das mittelmäßige erheben werde, »allein«, so schreibt er,

»ich gestehe, daß mich dieser ganze Punkt wenig bestimmen könnte, an Geld ist mir bei gern eingeschränkten Bedürfnissen eigentlich wenig gelegen, und ich sehe voraus und vertraue, daß ich doch mein Lebelang ehrlich ausreichen werde.« Die Liebe zum Vaterlande und der Trieb, lieber still zu arbeiten als eine Professur zu bekleiden, überwanden alle Bedenklichkeiten. Sie würden auch 1840 nicht nach Berlin gegangen sein, hätten ihnen ihre Verhältnisse irgend die Wahl gelassen. Wilhelm war 1809 dort gewesen zum Besuch bei Achim von Arnim; die Stadt hatte ihm so sehr mißfallen, daß, als nicht lange nachher Savigny von Landshut dorthin berufen wurde und hinging, er diesen wahrhaft bedauerte. Seitdem war vieles dort anders geworden, immer aber erweckte die Verwirrung der fernabliegenden großen Stadt Scheu und Besorgnis, man werde dort fremd bleiben, Jena oder Leipzig, am liebsten Marburg hätten viel näher gelegen: Sie wären gern in Hessen geblieben, in dem Lande, das vielleicht am reinsten in Deutschland von seinen Bewohnern geliebt wird. Dennoch, unbeschadet dieser Anhänglichkeit, die niemals sich minderte, nachdem einmal Berlin gewählt und betreten worden war, ist jene frühere böse Meinung ins Gegenteil umgeschlagen, denn es gewährte Stille, Behaglichkeit und Hilfsmittel in höherem Grade noch als das Kassel der ersten Zeiten. Beide Brüder waren sehr gern in Berlin, mein Vater besonders setzte oft Fremden gegenüber die Vorzüge des Berliner Lebens ins hellste Licht. Unabhängig, Herren ihrer ganzen Zeit, ohne jede gesellschaftliche Verpflichtung, lebten sie sich völlig ein, und da im Vergleich zu den früheren Jahren die Gesundheit beider im ganzen sich gebessert hatte, blieb wenig zu wünschen übrig.

Über zwanzig Jahre dauerte ihre Tätigkeit in Berlin. Reisen nahmen nur geringe Zeit fort, längere Unterbrechungen waren für Jacob eine Reise nach Italien und der Aufenthalt in Frankfurt, als er 1848 ins Parlament gewählt worden war. In der Universität hielten sie nur einige Jahre hindurch Vorlesungen, bei den Sitzungen der Akademie der Wissenschaften aber fehlten sie äußerst selten. Jacob las dort oft und hatte Freude daran, die gedruckten Abhandlungen zu verschenken. Es war seine Absicht, sie gesammelt herauszugeben, er schob es aber immer hinaus, weil er sie vorher umarbeiten wolle. Dazu kam es niemals. Gern ließe ich einen oder zwei Bände dieser kleineren Schriften erscheinen, die Handexemplare aber sind sosehr mit Anmerkungen versehn und diese Zusätze oft so schwer als das zu erkennen, was sie eigentlich sein sollen, daß einstweilen davon keine Rede sein kann. Seine Werke standen alle dicht um ihn herum, so daß er sie bequem von seinem Sitze ergreifen konnte. Das für ihn, wie für Wilhelm, mit breitem Rande gedruckte Exemplar des Wörterbuches lag in einzelnen Bogen zu einem dicken Stoße aufgeschichtet neben seinem Schreibtische, und die Ränder sind auf vielen Seiten schwarz von nachträglichen Einzeichnungen, ebenso die der Grammatik. Nach Wilhelms Tode nahm Jacob dessen Handexemplare in seine Nähe. Alle diese Bücher, Gegenstände der Ehrfurcht für uns seit langen Jahren, stehen nun verwaist da, und es erwartet sie ein ungewisses Schicksal. Denn wem wird all diese Mühe einmal zugute kommen? Es fand sich unter Jacobs Papieren eine in früheren Jahren aufgesetzte Bestimmung, daß nach seinem Tode seine Exzerpte verbrannt werden sollten. Allerdings sind diese meistenteils derart, daß sie keiner nach ihm würde brauchen können. Seine Bücher, meint er, könnten wohl noch einmal benutzt werden.

Seine Bücher liebte er, das Wort ist nicht zu stark, mit Zärtlichkeit. Die gemeinschaftliche Bibliothek stand unter seiner besondern Obhut. Er ließ die Werke nach eigner Angabe verschiedenartig einbinden und konnte es bis zu einem gewissen Luxus darin treiben. Die gute oder bessere Meinung, die er von dem Werte eines Buches hegte, deutete er durch mehr oder weniger kostbaren Einband an. Bei kleineren Gelegenheitsschriften ließ er das zu überreichende Exemplar gern in dunkelroten Samt binden. Der nach dem Tode meines Vaters gedruckte Freidank erhielt den teuersten Einband, der herzustellen war. Es hat etwas natürliches, daß er, der so lange Jahre Bibliothekar gewesen war, nun seine Bibliothek als eine Art Persönlichkeit betrachtete. Mit Wohlgefallen ging er oft die aufgestellten Reihen entlang, nahm auch wohl diesen oder jenen Band heraus, besah ihn, schlug ihn auf und stellte ihn wieder an seinen Ort. Es machte ihm Freude, aufzuspringen und das Buch selbst zu geben, wenn man es bei ihm suchte und nicht gleich finden konnte. Nach meines Vaters Tode, als er dessen Stube mit zur Bibliothek einrichtete, ordnete er die Bücher nach einem neuen Plan und besorgte die Umstellung ganz allein. Er konnte im Dunkeln jedes Buch ergreifen ohne Irrtum. Er verlieh nicht gern, weil er in die Bücher zu schreiben und Zettel hineinzulegen pflegte. Viele tragen auf dem letzten leeren Blatt ein doppelt angelegtes Inhaltsverzeichnis, eins von Jacobs, eins von Wilhelms Hand. Ich finde, daß er in einem Briefe an Lachmann einmal scherzweise von der spätern Auktion der Bibliothek redet, wie die Leute da sich wundern würden, so kostbare Bücher wie die große prächtige Ausgabe der »Nibelungen« bei ihnen zu finden; er hat auch mir einmal davon geredet, wie nach seinem und meines Vaters Tode die Bücher zerstreut werden würden und so der Plan, nach dem sie sie gesammelt, niemanden als ihnen bewußt gewesen wäre, allein wenn ihm bei solchen Gelegenheiten widersprochen ward, ließ er das gelten. Mehrfach haben meine Geschwister und ich ihm versichert, es würden die Bücher nicht auseinandergerissen und versteigert werden, und noch in den letzten Stunden, als seine Augen zeigten, daß er verstand, was man sagte, und als wir uns bemühten auszusprechen, was ihn erfreuen und beruhigen könnte, wurde ihm die Versicherung gegeben, daß die Bibliothek in würdiger Weise erhalten bleiben würde. Vielleicht daß sie auf einer Universität ihren Platz findet, wo sie Nutzen bringt und an ihre Urheber fördernd erinnert.[*]

Bei meinem Vater hätte die Sorge nähergelegen, hohe Jahre möchten ihn an seiner Frische und Arbeits-

---

[*] Nach Jacob Grimms Tod gelangte die rund 8000 Bände umfassende Bibliothek in den Besitz der Berliner Universitätsbibliothek und befindet sich heute im Jacob-und-Wilhelm-Grimm-Zentrum der Humboldt-Universität Berlin.

kraft einbüßen lassen. Er hatte der Zeit nicht so gut widerstanden. Während er früher die Abende gern in Gesellschaft verbrachte, mußte darin ein allmählicher Rückgang eintreten. Zuerst wurde das Ausgehn abends aufgegeben, in der Folge die sehr rege Geselligkeit im eigenen Hause beschränkt. Es war keine Entbehrung, aber eine Änderung. Bei Jacob war das nicht der Fall, von Jugend auf mehr zurückgezogen, durfte er sich gleicher bleiben in seinen Gewohnheiten. Er arbeitete den ganzen Tag über, ließ sich aber nicht ungern unterbrechen. Besuche nahm er stets an. Die politischen Dinge verfolgte er mit Aufmerksamkeit. Wenn die Zeitung kam, legte er oft sogleich die Feder nieder und las sie genau durch. Seine Stimmung war eine gleichmäßig heitere. Man konnte ihm leicht eine Freude machen. Beide Brüder liebten Blumen am Fenster zu haben und pflegten sie mit Sorgfalt. Mein Vater liebte die Primeln besonders, die ihre Blätter in symmetrischer Zierlichkeit entfalten und ununterbrochen blühn, Jacob hatte eine Vorliebe für Goldlack und Heliotrop. Auch auf dem Arbeitstisch, der überdies mit allerlei Andenken, besonders Steinen, besetzt war, hatte er gern ein paar Blumen in einem Glase stehn. Diese Kleinigkeiten, obgleich sie zuletzt viel Raum einnahmen, ließen sie beide gern vermehren und wußten das neu hinzukommende immer noch unterzubringen. Jacob hatte in den letzten Jahren großes Vergnügen an kleinen photographischen Portraits. Es kam bald eine ziemliche Anzahl davon zusammen, und wir versäumten keine Gelegenheit, sie zu vermehren. Was irgend neues bei ihm einlief, brachte er gern herüber und zeigte es, selbst Bücher in Sprachen, die uns unbekannt waren, aus denen er zuweilen vorlas und seinen Spaß daran hatte, daß kein Mensch die Dinge verstand. Er las gern vor, nicht lange Sachen ihrer Schönheit wegen, sondern allerlei Überraschendes, was niemand erwartete. Er sprach fließend französisch, und als die japanesischen Gesandten bei ihrer Anwesenheit ihm einen Besuch machten, redete er sie holländisch an. Am schönsten und ergreifendsten klangen seine Worte, wenn er an Geburtstagen im eignen Hause oder bei Freunden oder bei ähnlichen Gelegenheiten einen Toast ausbrachte, immer kam etwas Unerwartetes, Freude und oft Rührung Erregendes zum Vorschein, das den Akzent reiner Herzlichkeit trug.

Mein Vater bedurfte der Ruhe zu seinen Arbeiten, eine Unterbrechung störte ihn, alles hatte bei ihm seine Zeit, wie er auch nicht gern plötzliche Entschlüsse faßte. Jacob, der, wenn er eine Reise vorhatte, oft erst den Tag vorher darauf kam, der alle seine

Bücher gleich so niederschrieb wie sie gedruckt wurden ohne Konzept und Umänderungen, war meistenteils sofort bereit, sich unterbrechen zu lassen. Zwischen der Arbeit über irgend etwas rasch Auskunft zu geben, eine Neuigkeit zu hören oder von Fremden sich über deren Arbeiten erzählen zu lassen und dann gleich tief in die Dinge einzugehn, war ihm eine angenehme Auffrischung. In der letzten Zeit genügten diese zufälligen Störungen nicht. Meine Mutter und Schwester lockten ihn planmäßig von Zeit zu Zeit von seinem Schreibtische fort, denn er würde, hätte man ihn gewähren lassen, den langen Tag durchgeschrieben haben, und wenn es manchmal dennoch geschah, daß er zuviel tat, so zeigten sich dann doch die Gebrechen des Alters. Vielleicht, daß er noch einige Jahre länger erhalten geblieben wäre, wenn er weniger gearbeitet hätte.

In den letzten Zeiten waren seine Nächte nicht mehr so gut als früher, er erwachte und konnte den Schlaf nicht wiederfinden. »Wie schön sind die langen Sommertage, worauf sich Vögel und Menschen freuen! Sie gemahnen an die Jugendzeit, in der die Stunden Licht einsaugen und langsam verfließen; was davon noch übrig war, wird vom Dunkel des Winters und des Alters schnell geschluckt. Nun bin ich bald 78, und wenn ich schlaflos im Bette liege und wache, tröstet mich die liebe Helle und flößt mir Gedanken ein und Erinnerungen. 3. Juni 1862. Jac. Grimm.«

Diese Worte fanden sich auf einen kleinen Zettel geschrieben in seiner Brieftasche. Er hatte eine Neigung, zu den Sternen zu sehn von Jugend auf. In einem Briefe an Lachmann aus den ersten zwanziger Jahren klagt er, daß ihm bei einem Umzug durch die veränderte Lage seines Zimmers nun der Blick auf das herrliche Siebengestirn genommen sei. In seinem Alter, wenn er nicht schlafen konnte, stand er zuweilen auch auf und trat ans Fenster, um den Himmel zu betrachten.

Es schien, als werde er noch manches Jahr so fortleben. Als im Frühling 1863 sein Bruder Ludwig Grimm, Maler und Professor an der Akademie zu Kassel, starb, sagte er, »nun bin ich nur noch ganz allein da«, ohne den Gedanken aber, als müsse die Reihe so bald auch an ihn kommen. Er hatte, da er noch für die Umarbeitung der Abhandlung über das Alter sammelte, Flourens' Buch »Sur la longévité« zum Geschenk erhalten, in welchem bewiesen wird, daß das gewöhnliche Alter des Menschen hundert Jahre zu betragen habe. Er erklärte darauf scherzend, daß seine Absicht sei, selbst so alt zu werden. Daß er sich zuweilen ein wenig niederlegte oder vor seinem Tische sitzend mit verschränkten Armen den Kopf übersinken ließ, auf kurze Zeit nur, war mehr ein Zeichen natürlichen Ruhebedürfnisses als abnehmender Kräfte, denn wenn es ihm darauf ankam, arbeitete er ohne Unterbrechung. Er ahnte nicht, daß er so plötzlich für immer unterbrochen werden sollte. Er hatte viel vor. Er wollte am Wörterbuche fortschreiben, zu den Märchen sollte eine Einleitung kommen, der folgende Band Weistümer gedruckt und mit einer weitausgreifenden Einleitung versehen werden. Ein Buch über deutsche Sitten und Gebräuche hatte er vor. Ein Buch über Ossian lag in der Zukunft, dazu gewiß noch vieles, wovon niemand außer ihm wußte. Das letzte, was er drucken ließ, war eine Rezension der Arbeit von Jonckbloet über Reinhard in den Göttinger Anzeigen; was er zunächst geschrieben hätte vielleicht eine Rezension ebendahin über Goethes Briefwechsel mit Carl August: Ich fand in seinem Tische einen frischgefalteten Bogen mit der Überschrift des Buches als ersten Anfang. Er wollte dafür den Briefwechsel Goethes mit Frau von Stein durchlesen und bat mich, wenn ich das Buch, wie meine Absicht war, doch kaufen wollte, es gleich zu kaufen. Das letzte, was er gelesen hat, waren die eingesandten Bogen einer Sammlung griechischer Märchen, die er mit großem Interesse durchsah und einiges daraus mit Bleistift bemerkte. Er las neuzugeschickte Bücher meistens sogleich und stets mit der Feder oder dem Bleistift in der Hand. Er hat unzählige kleine Zettel mit Zitaten hinterlassen, die so entstanden sind.

Wie meinem Vater hatte auch ihm vor seiner letzten Krankheit eine kleine Herbstreise besonders wohlgetan. Bald nach der Rückkehr befiel ihn in Folge von Erkältung eine Leberentzündung. Diese schien gehoben, auch waren die Tage gut, aber die Nächte unruhig. Tags las er oft stundenlang im Bette, nachts trat jedoch Fieber ein. Er sollte aufstehen, um Schlaf zu gewinnen, Sonnabend nachmittag, als er zum zweitenmale den Versuch machte und neben meiner Schwester am Fenster saß, fühlte diese ihn zu ihr umsinken. Es war ein Schlagfluß, der die rechte Seite betroffen hatte. Er verfiel in einen Zustand von Schlaftrunkenheit, das Bein konnte er bewegen in den Momenten, wo er erwachte, den Arm weniger, die Zunge war gelähmt. Er tastete oft mit der linken Hand an dem rechten Arme herum, als wolle er fühlen, wie es mit ihm stände. Das dauerte die Nacht hindurch. Sonntag gegen Morgen kam er augenscheinlich mehr zur Besinnung, wandte die Augen nach uns allen und nach Freunden, die mit uns um ihn waren, schien zu verstehen, was wir ihm sagten, und bewegte sich viel. Einmal glaubten wir ihn schon verloren, als er eine Photographie Wilhelms, die dalag, plötzlich ergriff, mit der gesunden Hand rasch und wie er zu tun pflegte dicht vor seine Augen führte, einige Momente betrachtete und dann auf die Decke legte. Sonntag den 20. September zehn Uhr zwanzig Minuten abends tat er den letzten Atemzug. Sein letztes Bette ist ihm, wie er vorausgesagt, neben dem seines Bruders bereitet worden.

Jacob und Wilhelm Grimm

Jacob Grimm wurde am 4. Januar 1785 in Hanau als ältestes von sechs Kindern geboren, am 24. Februar 1786 Wilhelm Grimm. Dieser wird heiraten und Vater mehrerer Kinder, während Jacob zeitlebens ledig bleibt. Familie hat Jacob dennoch, nämlich die seines Bruders, da beide die längste Zeit zusammen leben und arbeiten. Nach dem Besuch des Lyceums in Kassel studieren die Brüder Rechtswissenschaft in Marburg. Sie befreunden sich mit Achim von Arnim und seinem Kreis und liefern Beiträge für »Des Knaben Wunderhorn«. 1808 wird Jacob Privatbibliothekar des Königs Jérôme Bonaparte in Wilhelmshöhe bei Kassel. 1810 senden sie einige von ihnen gesammelte Märchen an Clemens Brentano, von denen der aber keinen Gebrauch macht. Die Brüder erarbeiten eine eigene Edition: Mit Druckdatum 1812 erscheint der erste Band der »Kinder- und Hausmärchen«, ein zweiter Band 1815. Folgeausgaben werden von Wilhelm immer wieder überarbeitet und erweitert, die zweite Auflage von 1819 gilt als die editionsgeschichtlich bedeutendste. 1813 wird Jacob hessischer Legationsrat und nimmt als Diplomat am Wiener Kongreß teil. Wilhelm ist bis 1829 Bibliothekssekretär in Kassel. 1816 wird auch Jacob Bibliothekar in Kassel. Die Stellung ist schlecht bezahlt, ermöglicht ihm und seinem Bruder jedoch eine Zeit intensiver wissenschaftlicher Arbeit. Es erscheinen die zwei Bände der »Deutschen Sagen«. Jacob legt 1819–1837 eine vierbändige »Deutsche Grammatik« vor. 1821 erscheint Wilhelms Abhandlung »Über deutsche Runen«. 1825 heiratet Wilhelm die Apothekerstochter Dorothea Wild. 1828 legt Jacob die »Deutschen Rechtsaltertümer« vor. Jacob und Wilhelm werden 1829 bei der Besetzung einer Oberbibliothekarsstelle in Kassel übergangen, woraufhin sie ihren Abschied einreichen. Wilhelm Grimms Abhandlung »Die deutsche Heldensage« erscheint. 1830 ziehen die Brüder nach Göttingen. Dort tritt Jacob eine Stelle als Bibliothekar und ordentlicher Professor für deutsche Altertumswissenschaft an. Wilhelm wird ebenfalls Bibliothekar in Göttingen und ein Jahr später außerordentlicher Professor. In seiner Lehrtätigkeit ist er jedoch durch häufige Krankheiten beeinträchtigt. Jacob Grimm veröffentlicht den ersten von drei Bänden seiner »Deutschen Mythologie«. Als 1837 Ernst August I. König von Hannover wird und die Verfassung außer Kraft setzt, erheben die Professoren Dahlmann,

Gervinus, Ewald, Albrecht, Weber sowie Jacob und Wilhelm Grimm, die »Göttinger Sieben«, öffentlichen Protest. Sie werden aus dem Staatsdienst entlassen, Jacob Grimm, Dahlmann und Gervinus sogar des Landes verwiesen. Jacob zieht wieder nach Kassel und lebt im Haus seines Bruders Ludwig Emil. Er veröffentlicht 1838 die Schrift »Über meine Entlassung«. Wilhelm zieht mit seiner Familie von Göttingen nach Kassel. Dort beginnen sie mit den Arbeiten am »Deutschen Wörterbuch«, die erste Lieferung kommt 1852 heraus, der erste Band 1854. Als weiteres Grundlagenwerk legt Jacob Grimm 1840 »Weistümer« vor (Rechtsquellen, sieben Bände bis 1878). König Friedrich Wilhelm IV. von Preußen beruft die Brüder als Mitglieder der Akademie der Wissenschaften zu Berlin, wo sie seit 1841 leben. Jacob wird an die Berliner Universität berufen. 1846/47 leitet er zwei Germanistenversammlungen in Frankfurt am Main und Lübeck. 1848 veröffentlicht er die »Geschichte der deutschen Sprache«. Jacob wird in die deutsche Nationalversammlung gewählt und nimmt als Abgeordneter der Paulskirchenversammlung teil. Seine Lehrtätigkeit gibt er auf, um nur noch wissenschaftlich zu arbeiten. 1852 zieht sich auch Wilhelm von seiner Lehrtätigkeit zurück. 1857 erscheinen die »Kinder- und Hausmärchen« in siebter

Auflage. Am 16. Dezember 1859 stirbt Wilhelm Grimm.
Jacob Grimm stirbt am 20. September 1863. Sie ruhen
nebeneinander auf dem Alten St.-Matthäus-Kirchhof in
Berlin-Schöneberg.

Herman Friedrich Grimm wurde 1828 in Kassel geboren. Der Sohn von Wilhelm und Dorothea Grimm ge-
hörte zum Freundeskreis von Bettina von Arnim, deren
Tochter Gisela er 1859 heiratete. 1873 wurde er als Professor für Neue Kunstgeschichte an die Universität
Berlin berufen. Herman Grimm lebte als Buddhist und
hat ein reiches publizistisches und editorisches Werk
geschaffen. Er starb 1901 in Berlin.

Editorische Notiz

Die »Rede über das Alter« hielt Jacob Grimm am 26. Januar 1860, die »Rede auf Wilhelm Grimm« am 5. Juli 1860, beide in der Königl. Akademie der Wissenschaften zu Berlin. Der Text basiert auf der Erstausgabe der Reden: Jacob Grimm: »Rede auf Wilhelm Grimm und Rede über das Alter. Gehalten in der Königl. Akademie der Wissenschaften zu Berlin«, herausgegeben von Herman Grimm. Berlin, Ferd. Dümmler's Verlagsbuchhandlung Harrwitz und Gossmann, 1863.

Jacob Grimm war ein Verfechter der radikalen Kleinschreibung, von der er nur Absatzanfänge und Eigennamen ausnahm. Zudem pflegte er sz anstelle von ss oder ß zu schreiben. Diese individuelle Schreibung kann heutige Leser vom Verständnis der in ihrer Sprache ohnehin recht fordernden Reden ablenken. Sie wurde für diese Ausgabe umgestellt, ebenso wurde der Text in Zeichensetzung und sonstiger Orthographie (etwa das th wie in »eigenthümlich«) behutsam modernisiert. Jacob Grimms gelegentlich kürzelhafte Titelnennungen (»Konrad tr. kr.« = Konrad, »Trojanerkrieg«) wurden aufgelöst.

Die Ausgabe von 1863 beginnt mit der Rede auf Wilhelm Grimm. Hier wurde der chronologisch frühere und für heutige Leser interessantere Text nach vorn gestellt. Kursiv gesetzte Wörter sind in der Erstausgabe mit einem Akzent auf dem ersten Buchstaben versehen: »Tragen wir éinen Dank davon …«

In der Erstausgabe ist der Text der Rede auf Wilhelm Grimm nur bis zu dem Wort »dieser« vor »Wünschelrutenzweig« wiedergegeben (S. 76). Herman Grimm begann dort seine Ausführungen mit folgendem Hinweis: »Das Ende der Rede fehlt. Das Manuskript lag in Papier eingeschlagen auf Jacobs Schreibtische. Er zögerte mit dem Druck, weil er einen neuen Schluß schreiben wollte, zu diesem Zweck vielleicht nahm er das letzte Blatt von den übrigen fort und legte es an einer Stelle nieder, wo es bis jetzt nicht zu entdecken war. Als verloren ist es demnach wohl nicht zu betrachten, doch glaubte ich, da das eifrigste Nachforschen nichts ergab, die Rede einstweilen unvollständig wie sie vorliegt mitteilen zu dürfen, sie behandelte, soviel ich mich erinnere, noch die gemeinsame Arbeit an den Märchen und wandte sich dann zum Schluß.« Später fand sich der Rest der Rede an und wurde in weitere Editionen aufgenommen.

Jacob Grimm hat seine beiden Reden an die Mitglieder der Berliner Akademie der Wissenschaften gerichtet, also an Fachkollegen und andere Gelehrte. Doch was der hochverehrte Doyen der Sprach- und Literaturforschung mitzuteilen hat, ist weit über den Kreis der philologisch Gebildeten hinaus von Interesse. Daher wurden fremdsprachige und mittelhochdeutsche Zitate übersetzt und einige Anmerkungen zum Textverständnis hinzugefügt. Einige wenige Passagen, in denen es um Berufskollegen wie Karl Lachmann oder Moriz Haupt, um Textkritik, Editionspraxis und Fachpublikationen geht, sind wohl nur für Kenner der Wissenschaftsgeschichte erhellend. Hier wurde auf Anmerkungen verzichtet, die zu einem Abriß der frühen Geschichte der Germanistik geführt hätten. Gleichwohl stimmt keineswegs, was Jacob Grimm eingangs seiner Rede auf seinen Bruder behauptet, daß sich nämlich seine Erinnerungen an Wilhelm »fast nur auf seine wissenschaftliche Tätigkeit erstrecken«. Zwischen und in den Zeilen spricht der Akademieredner in einer Weise liebevoll über seinen Bruder, über familiäre Bande und menschliche Gefühle, wie es heute im universitären Raum wohl kaum mehr denkbar wäre.

Jan Strümpel

1. Auflage 2010
© für diese Ausgabe: Steidl Verlag, Göttingen 2010
Umschlaggestaltung: Steidl Design / Sarah Winter
unter Verwendung des Kupferstichs »Das Stufenalter des Menschen«
© für die S. 14/15 vollständig gezeigte Abbildung:
LWL-Landesmuseum für Kunst und Kulturgeschichte, Münster /
Sabine Ahlbrand-Dornseif
Satz, Druck, Bindung:
Steidl, Düstere Str. 4, 37073 Göttingen
www.steidl.de
Printed in Germany
ISBN 978-3-86930-177-8